스눕 독의 도파민 키친

일러두기

- 이 책의 모든 주석(괄호 내용 포함)은 역자 주입니다.
- 단행본은 『』로, 앨범명은 《》로, 노래 제목과 프로그램명은 〈〉로 표기했습니다.
- 본문에 언급되는 '대마'는 그것, 초록 등의 은어로 순화해 사용했습니다.

스눕 독의 도파민 키친

스눕 독
지음

박아람
옮김

위즈덤하우스

OPENING WORDS BY

마사 스튜어트가 전하는
축하의 말 —7

INTRODUCTION

내 주방에 온 걸 환영해 —8

내 팬트리에는… —10

내 냉장고에는… —14

최고의 맛집들 —18

CHAPTER 1

아침 —20

CHAPTER 2

점심 —42

CHAPTER 3

저녁 —64

CHAPTER 4

디저트 —102

CHAPTER 5

술 —130

CHAPTER 6

파티 —148

감사의 말 —186

스눕 독은 이런 사람 —187

인덱스 —188

SNOOP DOGG

마사 스튜어트가 전하는 축하의 말
OPENING WORDS BY MARTHA STEWART

스눕 독과 각별한 유대를 쌓게 된 것은 그가 2008년 〈마사 스튜어트 쇼 MARTHA STEWART SHOW〉에 출연하면서부터입니다. 우리는 코냑 매시트포테이토와 초록색 브라우니를 함께 만들면서 음식으로 교감하기 시작했죠. 그러다 자연스럽게 VH1 방송에서 기획한 〈마사와 스눕의 포틀럭 디너파티 MARTHA AND SNOOP'S POTLUCK DINNER PARTY〉를 함께 진행하게 되었고요. 스눕과 함께 음식을 만들면서 놀랍게도 저 또한 많은 것을 배웠답니다. 스눕은 제게 새로운 언어와 문화를 가르쳐주었고, 자신만의 독특한 기법과 레시피로 저를 놀라게 했죠. 그 모든 것이 담긴 이 기발하고 재미있는 요리책이 세상에 나온다니 너무나도 기쁘고 설렌답니다!

INTRODUCTION

내 주방에 온 걸 환영해
Welcome to My Kitchen

와, 거의 30년에 걸쳐 지구를 수백 번은 돌았을 거야. 인생의 절반 이상을 길에서 보낸 셈이지. 캘리포니아의 환상적인 날씨와 내가 나고 자란 푸르른 풍경을 벗어나는 건 힘든 일이지만, 운 좋게도 나를 사랑해주는 수많은 팬이 세계 각지에 있으니 그들을 만나기 위해서라면 언제든 박차고 나갈 수 있다고 생각해. 모스크바에서 뮌헨으로, 미시시피에서 모로코로, 일본에서 다시 미국으로 먼 길을 오가면서 전 세계 많은 팬이 우리의 웨스트 코스트 음악에 열광하는 광경을 볼 때면 신기한 마음이 앞서. 때로는 우리 언어를 모르는데도 우리의 "스웨그", 우리의 속어, 우리의 모든 것을 알고 있으니 말이야.

하지만 여행길에서 먹는 음식은 어떨까? 성공적일 때도 있지만 그렇지 않을 때도 많아. 게다가 나는 음식에 관해선 앤서니 보데인(미국의 유명한 셰프로 여행 및 음식 프로그램을 진행하며 세계 각지의 독특한 음식을 먹어본 것으로 유명하다.)처럼 대담한 모험을 즐기지 않는 편이라 언제나 좋은 경험만 하진 않거든. 그래서 가는 도시마다 제대로 된 식당을 알아놓는 습관이 생겼어.

이제는 나도 적지 않게 나이를 먹었고, 원숙한 사람들이 그렇듯 입맛도 까다로워졌지. 하지만 값비싼 최고급 음식을 즐기는 한편, 어릴 때 먹던 캘리포니아 롱비치의 음식도 여전히 좋아해. 한 가지 확실한 사실, 두 번 강조해도 모자란 사실은 어쨌든 스눕 독도 뭔가를 먹어야 하고 어떻게든 먹을 방법을 찾아야 한다는 거야. 그러다 보니 무대 뒤에서 먹는 간편식을 창의적으로 변형해보기도 하고, 길에서 우연히 알게 된 레시피를 집에 돌아와 응용해보기도 했지. 이렇게 요리를 즐기던 차에 문득 그중 가장 맛있는 것을 골라 모두에게 소개하면 어떨까 하는 생각이 들었어. 든든한 아침 식사부터 야식으로 좋은 주전부리까지, 다양한 상황에서 활용할 수 있는 다채로운 레시피는 이미 내 찬장에 그득 들어 있으니까!

그중 최고만 엄선해 누구든 쉽게 따라 할 수 있도록 꼼꼼히 무게를 재고 예쁘게 포장했어. 내 냉장고와 팬트리에 늘 채워놓는 재료들, 자메이카에서 영감을 받아 만들어본 요리들, 미국 남부 음식인 소울 푸드 몇 가지와 지금껏 한 번도 공개하지 않은 우리 가문의 비법까지 아낌없이 넣었다고. 여기에 하나 보너스! 음악이 없으면 뭔 재미로 음식을 만들어? 불 앞에 서서 냄비를 저을 때도 몸을 흔들 수 있도록 상황에 어울리는 플레이리스트도 장전 완료.

정말이지 지금껏 이런 요리책은 없었어. 이제 여러분의 손에 이 책을 들려줄게. 당장 펼쳐서…… 차근차근 훑어보고 무엇부터 만들지 골라보길!

Snoop Dogg

내 팬트리에는… In My Pantry

5. 간장

9. 인스턴트 맥앤치즈

10. 팝 타르트

8. 케첩
6. 꿀
7. 참치
3. 핫소스
2. 시즈닝 솔트
1. 레몬 페퍼
4. 메이플 시럽

내 팬트리에는… In My Pantry

1
LEMON PEPPER
레몬 페퍼

난 밋밋한 닭고기는 딱 질색이라 닭 날개에 레몬 페퍼를 살짝 뿌려 먹거든. 이건 다릭 로스Rick Ross 덕분이야. 그 친구가 레몬 페퍼에 일가견이 있거든!(미국 남부 출신의 래퍼 릭 로스는 레몬 페퍼를 뿌린 닭 날개를 좋아하기로 유명하며 자신의 여러 곡과 인터뷰 등에서 이를 언급했다.) 맥코믹McComick 레몬 페퍼라면 절대 실패하지 않을 거야.

2
SEASONING SALT
시즈닝 솔트

나만의 소소한 비법 하나를 뿌려주지. 파프리카와 강황, 양파, 마늘을 섞은 소금, 즉 시즈닝 솔트는 어디에나 잘 어울리는 필수 양념이거든. 이게 없으면 이 보스 독의 팬트리는 완성되지 않는다고! 돈 아끼지 말고 로리스Lawry's 제품으로 사놓을 것.

3
HOT SAUCE
핫소스

보다시피 나는 모든 종류의 소스를 사랑하지만 특히 핫소스는 절대 포기할 수 없어. 저마다 좋아하는 브랜드가 있을 테지만 이 스눕 독이 가장 좋아하는 건 크리스털Crystal 핫소스야. 루이지애나 최고의 특산품이지! 핫소스는 샌드위치나 닭고기, 피자 할 것 없이 어떤 음식과도 잘 어울리잖아. 살짝 더해주면 뭐든지 한 단계 업그레이드된다니까.

4
MAPLE SYRUP
메이플 시럽

챔피언의 아침 식사에는 메이플 시럽이 빠질 수 없지. 돼지고기든 팬케이크든 버터 한 조각과 따뜻한 메이플 시럽을 얹으면 더할 나위 없는 식사가 되니까 말이야. 앤트 제미마Aunt Jemima 메이플 시럽이 완전히 배어들면 그때 먹는 거야.

SNOOP DOGG

5
SOY SAUCE
간장

나는 세계 각지를 돌아다니면서 면과 밥, 초밥을 비롯해 훌륭한 아시아 음식을 많이 접했거든. 달걀볶음밥이나 생선회와 가장 잘 어울리는 소스는 단연 간장이야. 좀 더 나아가고 싶다면 고추냉이도 섞어야 하지. 단, 너무 많이 넣으면 콧속에서 난리가 날 테니 조심하도록!

6
HONEY
꿀

이 최고의 래퍼 독에게 성대보다 중요한 게 있을까? 라이브 공연을 하는 나는 항상 성대를 최상의 상태로 관리해야 해. 이쪽 분야의 베테랑들에게 배운 건강한 성대의 비결은 바로 신선한 꿀과 따뜻한 차를 자주 먹는 거야. 그래서 늘 꿀을 구비해놓지. 나는 정제되지 않은 자연산 꿀을 좋아해. 나 역시 정제되지 않은 자연산 인간이잖아!

7
TUNA
참치

참치캔이 하나 있으면 따서 바로 마요네즈와 섞어 먹어도 좋고 치즈 그릴 참치 샌드위치를 만들기에도 좋아. 요즘 나는 운동을 열심히 하고 있어서 몸에 좋은 것을 먹으려고 노력 중이란 말이지. 생선은 건강에 좋다잖아. 그래서 이 참치캔으로 해결하고 있어!

8
KETCHUP
케첩

난 바비큐에 진심이거든. 과연 케첩 없이 바비큐가 완성될 수 있을까? 버거나 핫도그, 소시지도 케첩을 뿌리지 않으면 어떻게 되겠어? 그냥 마른 빵에 고기만 달랑 얹어서 먹는다고 상상해봐. 내 집에서는 절대 있을 수 없는 일이야. 케첩은 늘 있어야 하고 가급적이면 하인즈 Heinz로 준비하도록. 자신을 속이지 말고 귀하게 대해줘.

9
INSTANT MACARONI AND CHEESE
인스턴트 맥앤치즈

집에서 만든 맥앤치즈라면 더없이 좋겠지만 가끔은 손쉽게 먹을 수 있는 인스턴트도 필요하지. 직접 만든 마카로니를 삶고 치즈까지 얹어 구울 상황이 안 될 때는 크래프트 Kraft 맥앤치즈와 냄비를 꺼내도록. 짜잔~ 단 몇 분 만에 치즈가 듬뿍 들어간 맛있는 간식이 탄생한다니까.

10
POP TARTS
팝 타르트

말로는 아이들이나 가끔 오는 손자를 위해 사다 놓는 거라고 하지만, 사실은 가끔 나도 먹어. 요즘엔 여러 가지 맛이 나왔던데, 내가 추천하는 건 오리지널과 초콜릿 퍼지야. 때로는 클래식한 게 최고인 거 알지?

내 냉장고에는… In My Fridge

1
EGGS
달걀

달걀은 언제나 환영이야. 치즈를 넣고 스크램블드에그를 만들 수도 있고 달걀프라이를 만들어 샌드위치에 넣어도 좋으니까. 내 단골 메뉴인 오믈렛을 만들어도 좋고. 찍어 먹을 소금만 있다면 그냥 삶아 먹어도 좋아. 어떻게 요리해도 든든할 거야.

2
CHEDDAR CHEESE
체더치즈

정부에서 치즈를 배급하던 시절은 다 지난 옛날 얘기지만 나는 아직까지도 생생하게 기억하고 있어. 그래서인지 지금도 많은 요리에 가공 체더치즈를 넣거나 얹어 먹곤 해. 헤쳐 모여 칠리 치즈 프라이(166쪽)와 두둑이 얹은 나초(168쪽)에도 체더치즈가 듬뿍 들어가지. 어쨌든 이 빅 스눕 독은 여전히 체더치즈를 좋아한다는 사실!

3
MILK
우유

영화 〈프라이데이Friday〉에는 내 친구 아이스큐브Ice Cube가 우유가 없어 시리얼에 물을 부어 먹는 장면이 나오거든? 우리 집에선 절대 있을 수 없는 일이야. 나는 항상 우유를 사다 놓거든. 언제 시리얼 한 그릇을 후루룩 먹고 싶어질지 모르니까. 아몬드 우유나 두유로는 대체할 수 없어. 내가 좋아하는 건 무지방 또는 지방 2퍼센트의 아주 시원한 우유지.

4
RANCH DRESSING
랜치 드레싱

내가 엄선한 또 하나의 소스. 나는 요즘에서야 채소와 샐러드에 입맛을 들이기 시작했지만, 아직은 조금 자극적인 맛이 필요하거든. 이 크리미한 드레싱은 풀만 가득한 음식에 감칠맛을 더하기에 제격이지. 특히 히든 밸리Hidden Valley 랜치 드레싱을 추천해. 정말 시원하고 부드러워. 말하자면, 나처럼?

SNOOP DOGG

5
DILL PICKLES
딜 피클

고급 슈퍼마켓에서 파는 샌드위치에 꼭 들어가는 재료가 뭔지 알아? 바로 딜 피클! 파스트라미 여러 겹을 두껍게 포개어 넣은 샌드위치나 오랜 역사와 전통의 로스트비프 샌드위치에는 딜 피클이 빠지지 않는다니까. 내가 만든 카리브해의 여왕 쿠바노 샌드위치(58쪽)도 마찬가지야. 이 피클을 넣어야 모든 맛이 완벽하게 어우러져.

6
BARBECUE SAUCE
바비큐 소스

앞에서도 말했지만 나는 가끔 그릴 앞에 서서 진짜 셰프 행세를 하곤 해. 케첩 말고 바비큐에 꼭 필요한 또 하나의 재료는 바비큐 소스지. 고기를 바비큐 소스에 재어놓았다가 구워도 좋고 고기 위에 바로 뿌려 먹어도 좋아. 그 톡 쏘는 달콤한 맛은 아무리 먹어도 질리지 않거든. 최고의 바비큐 소스는? 그건 우리 레오 삼촌에게 물어봐야 해. 레오 립스 Reo's Ribs(2022년에 사망한 스눕 독의 삼촌 레오 바나도 Reo Varnado가 1999년에 문을 연 바비큐 식당으로 지금도 운영되고 있다.)의 바비큐 소스가 지상 최고였거든.

7
MUSTARD
머스터드

내 프로듀서 파트너 DJ 머스터드 말고 하인즈 머스터드 얘기야. 프랑스에서 유래한 부드러운 노란색 머스터드. 이것도 없어서는 안 될 소스 중 하나야. 알았지? 이게 없으면 갱스터의 프라이드 볼로냐 샌드위치(50쪽)를 완성할 수 없거든!

8
MOËT
모엣 샹동

스타 래퍼의 습관 하나쯤은 그냥 따라 해도 좋잖아. 나는 가끔 샴페인을 한 잔씩 즐기는데 그럴 땐 최고를 마셔야 한다고. 그래서 언제든 딸 수 있게 모엣 샹동 한 병을 차갑게 보관해놔.

9
ORANGE JUICE
오렌지 주스

나는 요즘 건강에 신경 쓰느라 초록색 채소를 좀 더 많이 먹으려고 노력하고 있어. 하지만 솔직히 오렌지 주스를 대체할 수 있는 건 없잖아. 오렌지 주스는 항상 냉장고에 있어야 해. 언제 필요할지 모르거든. 모엣 샹동에 섞어도 좋지만…… 진에 섞으면 더 좋을걸. 이미 알고 있겠지?

10
BUTTER
버터

훌륭한 요리의 핵심 비법 중 하나는 바로 버터야. 버터를 듬뿍 넣는 것 자체가 비결이라니까. 저지방 식물성 스프레드로는 대체할 수 없어. 전통적인 방식으로 만들고, 팬에 넣었을 때 지글거리는 노란색 '진짜' 버터를 구비하도록. 스눕의 집에서는 버터가 떨어지는 일이 없단다.

TOP
of the
SPOTS

최고의 맛집들

내가 자주 가는 맛집 몇 군데를 소개할게. 물론, 대부분은 내 구역, 즉 **천사들의 도시** 로스앤젤레스에 있어. 이곳에 온다면 맛집 앱은 켤 필요도 없다니까. 하지만 이 스눕 독은 가끔 멀리 나가기도 하고…… **'빅 애플'**, 그러니까 뉴욕과도 오랫동안 관계를 맺고 있거든. 그래서 뉴욕 맛집도 한 군데 장전해놨어.

~ 1 ~
로스코 치킨 앤드 와플
ROSCOE'S

와, 나는 할리우드에서 활동할 때부터 로스코 단골이 됐어. 닥터 드레Dr. Dre와 〈더 크로닉The Chronic〉 음반 작업을 할 때 처음 알았는데 한 번도 실망한 적 없다면 말 다 했지. 로스코는 아무도 생각하지 못한 파격적인 조합, 즉 치킨과 와플 조합을 처음 시도했어. 이제는 치킨 와플이 널리 퍼져서 얼마나 기쁜지 몰라. 전 세계 수많은 사람이 이 조합에 익숙해졌으니까. 여러 지점을 다녀봤는데, 진짜를 맛보고 싶다면 꼭 로스앤젤레스로 가도록. 버터가 듬뿍 들어간 와플과 촉촉한 윙이 끝내준다구. 오바마 전 대통령도 유혹을 떨치지 못했던 거 알지? 이제는 윙 세 개와 와플 하나로 구성된 세트 메뉴가 '오바마 스페셜'이 됐어. 멋지잖아~

~ 2 ~
랜디스 도넛
RANDY'S DONUTS

잉글우드! 징글징글한 잉글우드. 커다란 도넛 모양의 간판이 보이면 거기가 바로 잉글우드야. 이 상징적인 도넛 가게는 내가 사는 로스앤젤레스 지역에서 고작 몇 블록 옆에 있어. 나는 매든(미국에서 인기 있는 미식축구 비디오 게임) 시합이 있는 날이면 그리로 달려가 친구들과 함께 먹으려고 두어 박스를 사 오지. 랜디스는 화려하게 주목을 끌기보다는 기본에 충실한 곳이야. 우리가 좋아하는 도넛을 제대로 만든다는 뜻이지. 기다란 메이플 맛 도넛이나 링 모양의 초콜릿 맛 도넛을 추천해. 혹시 치팅 데이라면 둘 다 집어도 좋고. 랜디스에선 무얼 집든 달콤한 만족감이 오래갈 거야.

~ 3 ~
팻버거
FATBURGER

고인이 된 비기Biggie, 즉 노토리어스 비아이지Notorious B.I.G.는 여기가 최고라고 했어…… 여자를 꾀고 싶으면 팻버거에 데려가라고 했거든. 인앤아웃 버거가 폭발적인 인기를 끌기 전에 로스앤젤레스의 명소는 이곳 팻버거였어. 전국의 래퍼들이 소스 어워즈(1990년대 음악 매거진 〈소스The Source〉가 주관한 힙합 시상 프로그램) 때문에 로스앤젤레스로 올 때면 자주 가는 곳이 있었는데…… 바로 베벌리 센터 쇼핑몰 옆에 있는 팻버거 매장이야. 하지만 조심하지 않으면 된통 당했지. 어쨌든 여긴 천사들의 도시, 끊임없는 위험이 도사리는 곳이니까.

~ 4 ~
서빙 스푼
THE SERVING SPOON

잘 알려지진 않았지만 빈민가의 슈퍼스타이자 로스앤젤레스에서 최고의 아침을 먹을 수 있는 곳이야! 연어 크로켓과 닭 날개 튀김, 옥수수죽이 일품이고 치즈를 듬뿍 넣은 달걀 요리도 끝내주거든. 하지만 일요일 오전 예배가 끝나는 시간엔 피하는 게 좋아. 토요일 밤 클럽처럼 붐비니까. 그래도 절대 후회하진 않을걸.

~ 5 ~
W 호텔
뉴욕 시
THE W HOTEL
NEW YORK CITY

뉴욕, 꿈의 도시 뉴욕. 이 스눕 독은 동부 해안에서도 오랫동안 사랑받고 있잖아. 지난 30년 동안 내가 캘리포니아를 떠나 가장 많이 드나든 곳은 바로 잠들지 않는 도시 뉴욕이야. 그래서 여기를 꽤 잘 알지. 세계 각지를 돌아다니는 이 독에게 빅 애플, 즉 뉴욕 시 한가운데 자리한 W 호텔은 제2의 고향 같은 곳이거든. 나는 주로 룸서비스를 주문하지만 이 호텔 식당 깊숙한 곳에 앉으면 진짜 보스 같은 대우를 받는다니까. 내가 늘 주문하는 음식을 정확히 알고 내가 들어가자마자 바로 준비해주거든. 이런 게 바로 서비스지.

CHAPTER 1

Breakfast

아침

스무비 Tha Smoovie
23

엄마의 손맛도 잊게 만드는
옥수수 머핀 Not ya Mamma's Corn Muffins
24

높고 높은
팬케이크 Stack'd Up Flap Jacks
26

시나몬 롤링 Cinnamon Rollin'
27

걸쭉한 그레이비를 곁들인
비스킷 Bisquits with tha Thickness Gravy
30

달걀 깨고
잠도 깨는 아침 정식 OG Breakfast
34

애시포드와 심슨 달걀 Ashford and Simpson Eggs
35

억만장자 베이컨 Billionaire's Bacon
36

상류층 오믈렛 Mile-High Omelet
39

굿모닝! 이제 정신 차릴 시간이야.

하루 중 가장 중요한 식사로 잠을 깨워보자고. 나는 주로 시리얼로 하루를 시작하거든. 내가 럭키 참스Lucky Charms나 치리오스Cheerios 시리얼을 한 상자씩 쟁여둔다는 건 다들 알 거야. 심지어 둘 다 내 노래에 넣기도 했으니까. 그렇다고 내가 시리얼로만 아침을 때우는 건 아니거든. 나는 어릴 때부터 직접 달걀을 풀어서 요리를 했고, 맥도널드에서 아침 시간에 일한 적도 있어. 매니저는 내가 한 손으로 달걀을 깨는 것을 보고 날 '에그 보이'라고 부르기도 했지. 사람들한테 물어봐! 지금도 직접 요리하면 한 손으로 달걀을 탁 깨서 손자에게 든든한 아침을 만들어주거든. 하루를 시작하기에 좋은 스눕 독의 특제 레시피 몇 가지를 소개할게. 이제 그만 일어나서 시작해보자고……

스무비
Tha Smoovie

눈치챘을지 모르겠지만 난 보디가드 못지않게 운동을 열심히 해. 웨이트 트레이닝과 달리기로 몸과 마음, 정신까지 열심히 관리하고 있지. 그리고 운동 후에는 꼭 내가 좋아하는 스무디를 마셔. 초록이를 피우기도 좋아하지만, 마시는 초록이도 좋아한다고!

1인분

INGREDIENTS

신선한 시금치 2컵(40g)
껍질을 까서 4등분한 오렌지(중) 1개
슬라이스한 바나나(중) 1개
코코넛 워터 2컵(480ml)
단백질 파우더 2큰술(선택)

HOW TO MAKE

블렌더에 시금치와 손질한 오렌지, 바나나, 코코넛 워터, 단백질 파우더(사용할 경우)를 넣고 크림처럼 매끈한 상태가 되도록 고속으로 돌린다. 바로 낸다.

응용 팁

파인애플이나 사과, 케일, 그 밖에 뭐든 넣어도 좋아. 하루를 버틸 연료가 되어주기만 한다면.

엄마의 손맛도 잊게 만드는 옥수수 머핀
Not Ya Mamma's Corn Muffins

나는 로스코의 옥수수빵을 정말 좋아해. 특히 버터와 잼을 조금씩 곁들이면 환상적인 맛이지. 심지어 나는 그 유명한 래리 킹 **Larry King**을 할리우드 지점에 데려가 이 옥수수빵을 맛보게 했다니까. 하지만 내가 만든 옥수수 머핀도 절대 뒤지지 않거든! 솔직히 어디에 내놓아도 부끄럽지 않아. 부디 직접 만들어보길. 비결이 뭐냐고? 아마 여기 넣는 사워크림 때문일 거야. "옥수수빵에 사워크림을?" 맛보기 전에는 섣불리 판단하지 말 것!

6~8인분
머핀 12개 분량

INGREDIENTS

달걀 2개
실온 상태의 무염버터 4큰술 (55g)과 틀에 바를 여유분
사워크림 또는 전지방 플레인 요거트 ⅔컵(160g)
우유 (전유) ½컵(120ml)
중력분 1컵(140g)
노란 옥수숫가루 ⅔컵(90g)
그래뉴당 ¼컵(50g)
베이킹파우더 1과 ½작은술
소금 ½작은술
베이킹소다 ¼작은술

HOW TO MAKE

1. 오븐 가운데에 선반을 설치하고 220도로 예열한다. 12구짜리 머핀 틀 안쪽에 버터를 바르거나 머핀용 유산지컵을 넣어 한쪽에 둔다.

2. 작은 볼에 밀가루와 옥수숫가루, 베이킹파우더, 소금, 베이킹소다를 넣고 잘 저어 섞는다.

3. 중간 크기 볼에 버터와 그래뉴당을 넣고 섞는다. 핸드 믹서를 사용하거나 스탠드 믹서에 패들(저속 날개) 부속을 부착하고 중속으로 돌려 크림 상태로 만든다. 달걀을 넣고 골고루 섞어 금빛이 날 때까지 돌린다. 우유와 사워크림을 넣고 잘 섞는다.

4. 여기에 2의 가루 혼합물을 조금씩 넣으면서 살살 섞거나 믹서를 저속으로 돌린다. 이때 균일하게 섞되 과반죽되지 않도록 주의한다. 뻑뻑하고 걸쭉한 상태가 되면 맞다.

5. 준비한 머핀 틀에 반죽이 ¾쯤 차도록 숟가락으로 떠 넣는다.

6. 머핀 틀을 오븐에 넣고 16~18분간 구우면서 골고루 익도록 중간에 한 번 틀을 180도 돌려준다. 겉면이 황갈색으로 변하고 이쑤시개로 가운데를 찔렀을 때 반죽이 묻어나지 않으면 다 익은 것이다.

7. 오븐에서 머핀 틀을 꺼내 식힘망 위에 놓는다. 손으로 만질 수 있을 정도가 되도록 약 5분쯤 식힌 뒤 머핀을 틀에서 빼내어 따뜻할 때 낸다.

8. 남은 머핀은 밀폐용기나 지퍼백에 넣어 상온에서 최대 3일, 냉동실에서 최대 2달 보관할 수 있다.

높고 높은 팬케이크
Stack'd Up Flap Jacks

나는 천장까지 쌓여 있는 내 돈다발만큼이나 팬케이크도 높이 쌓는 걸 좋아하거든. 이 팬케이크 레시피는 언제 만들어도 후회하지 않을 거야. 버터와 메이플 시럽은 잊지 말고 넉넉히 챙겨놓을 것! 끈적하고 달콤한 시럽을 조금만 뿌려도 팬케이크가 한 단계 업그레이드되니까. 알았지?

4~6인분

INGREDIENTS

달걀(대) 2개

녹인 뒤 살짝 식힌 무염 버터 6큰술(90g) + 팬에 두를 버터 1큰술과 곁들여 낼 여유분

사워크림 5큰술(75g)

우유(전유) 1과 ¾컵(420ml)

퓨어 바닐라 익스트랙트 2작은술

박력분 또는 중력분 2와 ½컵 (300g)

소금 ¾작은술

그래뉴당 2와 ½큰술

베이킹파우더 2와 ½큰술

곁들여 낼 메이플 시럽(앤트 제미마 추천) 약간

HOW TO MAKE

1. 중간 크기 볼에 밀가루와 소금, 그래뉴당, 베이킹파우더를 넣고 잘 섞는다.

2. 큰 볼에 달걀과 바닐라 익스트랙트, 우유, 사워크림을 넣고 거품이 날 때까지 빠르게 휘저은 뒤 녹인 버터를 넣고 다시 휘젓는다.

3. 1의 가루 혼합물을 2의 혼합물에 체 쳐서 넣고 고무주걱으로 살살 뒤적이며 섞는다. 과하게 섞지 말고 몽우리가 있는 묽은 상태로 둔다.

4. 큰 팬을 중간 불에 올리고 버터 1큰술을 올린 뒤 팬을 휘휘 돌려 버터를 골고루 묻힌다. 팬이 뜨거워지고 기포가 가라앉으면 반죽 ¼컵 (60ml)을 팬에 붓는다. 팬케이크 가운데 부분에 올라오는 기포가 터질 때까지 익힌 뒤 뒤집개로 가장자리를 들어보면 노릇해져 있을 것이다. 조심스럽게 뒤집어서 반대편도 노릇해질 때까지 굽는다.

5. 버터와 메이플 시럽을 곁들여 바로 낸다.

응용 팁

좀 더 과감해지고 싶다면 팬케이크 가운데에 기포가 올라오기 직전 얇게 슬라이스한 바나나 서너 조각을 올려봐.

SNOOP DOGG

시나몬 롤링
Cinnamon Rollin'

나는 시나몬으로 풍미를 끌어올린 간식을 좋아해. 시리얼이 당길 때는 시나몬 토스트 크런치 **Cinnamon Toast Crunch**가 제격이지. 하지만 시나몬이 들어간 요리 중 가장 맛있는 건 바로 이 시나몬 롤일 거야. 단맛과 알싸한 맛, 그 밖에 온갖 좋은 맛이 다 들어가 있거든. 하나 먹고 나면 또 먹고 싶을걸! 버번 위스키가 들어간다고 놀랄 것 없어. 헤롱거릴 정도는 아니니까. 오히려 약간의 버번 위스키가 '킥'이 될 거야.

6~8인분
시나몬 롤 12개 분량

INGREDIENTS

반죽 재료

우유(전유) ¼컵(60ml)
인스턴트 이스트 2와 ¼작은술
그래뉴당 2큰술
달걀(대) 1개
실온 상태의 무염 버터 2큰술
중력분 2와 ½컵(350g)
소금 1작은술
녹인 무염 버터 3큰술

시나몬 소 재료

공간이 생기지 않도록 단단히 눌러 계량한 흑설탕 ⅔컵(130g)
시나몬 파우더 1작은술

버번 글레이즈 재료

슈거 파우더 1컵(120g) + 여유분
생크림 2큰술 + 여유분
버번 위스키 2큰술

HOW TO MAKE

반죽 만들기

1. 큰 볼에 기름을 발라놓는다.

2. 작은 편수 냄비를 중간 불에 올리고 물 ½컵(120ml)과 우유를 넣고 섞는다. 따뜻해질 때까지 2~3분 가열한다. 데운 우유 혼합물을 큰 볼로 옮겨 담고 이스트를 넣어 활성화시킨다(바로 기포가 올라와야 한다).

3. 그래뉴당과 달걀, 실온 상태의 부드러운 버터를 넣는다. 골고루 매끈하게 섞이도록 잘 젓는다.

4. 밀가루와 소금을 조금씩 넣는다. 반죽에 기포가 올라올 때까지 잘 저어 섞는다. 반죽용 부속(도우 후크 dough hook)을 장착한 믹서로 반죽을 옮겨 중속으로 6~7분 돌리거나, 밀가루를 뿌린 작업대 위에 반죽을 놓고 쫄깃해질 때까지 8분 동안 치대며 둥글게 굴린다. 기름을 바른 볼로 반죽을 옮기고 비닐 랩이나 젖은 면포를 덮어 놓는다. 반죽이 두 배 크기가 될 때까지 1시간~1시간 30분간 둔다.

시나몬 소 만들기

작은 볼에 흑설탕과 시나몬 파우더를 넣고 휘저어 섞은 뒤 한쪽에 둔다.

버번 글레이즈 만들기

작은 볼에 슈거 파우더와 생크림, 버번 위스키를 넣고 필요한 만큼 크림과 슈거 파우더를 더해가며 부드럽게 뿌릴 수 있는 농도가 될 때까지 잘 섞어 한쪽에 둔다.

시나몬 롤 만들기

1. 오븐 가운데에 선반을 설치하고 180도로 예열한다.

2. 23x33cm 크기 베이킹 팬 안쪽 면에 버터를 발라둔다.

3. 밀가루를 가볍게 뿌린 작업대에 반죽을 놓고 15x46cm 크기의 직사각형이 되도록 밀대로 민 뒤 녹인 버터를 펴 바른다.

4. 반죽 위에 시나몬 소를 골고루 뿌리고 46cm 선의 모서리부터 반죽을 단단히 말아 통나무 모양을 만든다. 끝부분에 물을 묻혀 붙인 뒤 가로로 썰어 12등분하고 베이킹 팬에 자른 단면이 아래로 가도록 놓는다.

5. 베이킹 팬을 오븐에 넣고 25분 동안 구우면서 골고루 익도록 중간에 팬을 한 번 180도 돌려준다. 시나몬 롤이 노릇한 갈색을 띠면 다 익은 것이다.

6. 오븐에서 꺼내 따뜻할 때 위에 글레이즈를 뿌려 바로 낸다. 남은 시나몬 롤은 밀폐용기나 지퍼백에 넣어 상온에서 3일, 냉동실에서 최대 2달 보관할 수 있다.

소울 푸드

걸쭉한 그레이비를 곁들인
비스킷

BISCUITS
with
THA
THICKNESS
GRAVY

6~8인분
비스킷
10개 분량

미국 남부에 가본 적이 있다면 틀림없이 아침으로 이 비스킷을 먹었을 거야. 이건 진짜 클래식 소울 푸드(미국으로 건너온 아프리카 노예들의 토속 음식을 일컫는 말에서 미국 남부 음식을 뜻하는 말로 확대되었다.)거든. **포슬포슬**하게 만드는 게 중요해. 그리고 그레이비는 **끈적한 남부 여름**의 후텁지근한 공기처럼 아주 걸쭉해야 돼. 단, 너무 많이 먹으면 다시 잠들 수 있으니 조심하도록. **가볍게 먹는 사람들**에겐 맞지 않을지도 몰라. 곧장 침대로 돌아가게 될 테니까.

비스킷
THA BISCUITS

INGREDIENTS

달걀(대) 1개
생크림 2와 ¼컵(540ml)
중력분 2컵(280g) + 작업대에 뿌릴 여유분
박력분 1컵(120g)
그래뉴당 1과 ½큰술
베이킹파우더 1큰술
소금 1작은술

걸쭉한 그레이비
THA THICKNESS GRAVY

INGREDIENTS

아침 식사용 소시지✦ 455g
생크림 1컵(240ml)
우유(전유) 1컵(240ml)
중력분 ¼컵(35g)
굵게 간 후추 약간

✦ **BREAKFAST SAUSAGE**: 주로 돼지고기를 갈아서 양념한 생 소시지로, 컨트리 소시지라고도 한다.

비스킷 만들기
THA BISCUITS

1. 베이킹 팬에 유산지를 깔아서 준비한다.

2. 큰 볼에 중력분과 박력분, 그래뉴당, 베이킹파우더, 소금 ¾작은술을 넣고 잘 저어 섞는다. 생크림을 추가하고 나무 숟가락이나 손으로 액체와 마른 재료가 잘 혼합되도록 뒤적여 거친 반죽을 만든다.

3. 밀가루를 가볍게 뿌린 작업대로 반죽을 옮기고 덩어리 없이 매끈해질 때까지 치댄다. 필요하다면 작업대에 밀가루를 더 뿌려가며 작업한다.

4. 반죽을 살살 두드려가며 약 2.5cm 두께의 사각형으로 만든 뒤 7.5cm 비스킷 커터로 반죽을 찍어 준비한 베이킹 팬에 늘어놓는다. 남은 반죽은 모아서 다시 두드려 편 뒤 다시 비스킷 커터로 찍기를 반복한다.

5. 베이킹 팬에 놓은 비스킷 반죽을 냉동실에 넣어 1시간 둔다.

6. 오븐의 상단 ⅓ 부분에 선반을 설치하고 220도로 예열한다.

7. 작은 볼에 달걀과 소금 ¼ 작은술을 넣고 잘 섞은 뒤 냉동실에 넣어둔 베이킹 팬을 꺼내 비스킷 위에 달걀물을 바른다.

8. 비스킷을 오븐에 넣고 5분 동안 굽는다. 온도를 200도로 낮춰 약 13분 더 구우면서 골고루 익도록 중간에 팬을 180도 돌려준다. 비스킷 윗면이 노릇한 갈색을 띠고 아래쪽은 연갈색이 되면 다 익은 것이다. 비스킷을 오븐에서 꺼내 손으로 만질 수 있을 때까지 팬째 1~2분간 식힌다.

9. 손으로 비스킷을 잘라 버터를 바르고 그 위에 걸쭉한 그레이비를 뿌려서 낸다.

10. 남은 비스킷은 밀폐용기나 지퍼백에 넣어 상온에서 3일, 냉동실에서 최대 2달 동안 보관할 수 있다.

걸쭉한 그레이비 만들기
THA THICKNESS GRAVY

1
큰 팬을 중간 불에 올리고 소시지를 잘게 부숴 팬에 넣는다. 나무 숟가락으로 가끔 부숴가며 저어 분홍빛이 사라질 때까지 약 10분간 익힌다.

2
소시지에 밀가루를 뿌리고 지방을 흡수하도록 약 1분 간 익힌다.

3
우유와 생크림을 천천히 저어가며 조금씩 붓는다. 중강 불로 세기를 올리고 계속 저으면서 걸쭉해질 때까지 5~10분 동안 뭉근히 끓인다.

4
후추를 뿌리고(소시지에 간이 되어 있어 소금은 넣지 않는다.) 비스킷과 함께 바로 낸다.

5
그레이비는 뚜껑이 있는 밀폐용기에 담아 냉장고에 넣어 최대 3일 동안 보관할 수 있다. 먹기 전에 가스레인지 중간 불에 올리거나 전자레인지에 살짝 데운다.

달걀 깨고 잠도 깨는 아침 정식
OG Breakfast:
WAKEY, WAKEY, EGGS AND BACY

우리 아이들은 이제 다 커서 내 품을 벗어났지만, 애들 어릴 때 아내가 이런 아침을 차려줄 때마다 행복한 기분이 들었어. 달걀과 베이컨, 토스트로 구성된 전형적인 미국식 아침 식사지. 아이들이 이걸 먹고 있으면 나는 잠옷 바람으로 슬그머니 옆에 앉아 똑같이 한 접시를 먹곤 한다니까. 어서 이리 와서 앉아. 좋은 아침이야!

이 정식은 식당에서도 먹을 수 있지만 여기서는 우리 엄마, 아니, 세상 모든 엄마가 뚝딱 차려 내는 아침을 만들어볼 거야. 해시계를 쓰는 곳에 사는 게 아니라면 이 정돈 밤늦게 지쳐 돌아온 가족에게도 후딱 만들어줄 수 있겠지?

바삭한 베이컨
Crispy Bacon

베이컨은 바싹 구워야지. 물컹한 건 우리 스타일이 아니거든.

4인분

INGREDIENTS

두꺼운 베이컨 8장

HOW TO MAKE

1. 접시에 키친타월을 깔아둔다.

2. 큰 팬에 베이컨 4장을 겹치지 않게 올리고 중간 불에서 베이컨이 갈색으로 바삭해질 때까지 4~5분간 굽는다. 뒤집어서 반대편도 바삭해질 때까지 4~5분간 굽는다. 준비한 접시로 옮겨 담고 나머지 베이컨 4장도 같은 방법으로 굽는다.

3. 기름은 버리거나 나중에 재활용할 수 있도록 밀폐용기에 담는다.

4. 애시포드와 심슨 달걀(35쪽)과 토스트를 곁들여 낸다.

애시포드와 심슨✦ 달걀
Ashford and Simpson Eggs

솔직히 나는 달걀을 치즈 없이 먹는 건 이해할 수 없어. 이 둘은 완벽한 듀오잖아. 꼬끼오! 하는 소리에 눈을 뜨자마자 먹기에도 좋지만 잠귀신이 덮치기 직전에 요기하기에도 좋아. 이 둘은 땅콩버터와 잼처럼, 매직과 카림처럼(1980년대 미국 프로 농구 NBA에서 함께 뛴 전설적인 두 선수 매직 존슨Magic Johnson과 카림 압둘 자바Kareem Abdul-Jabbar를 말한다.)처럼, 치치와 총(1970~80년대를 풍미한 미국의 코미디 듀오 치치 매린Cheech Marin과 토미 총Tommy Chong)처럼 잘 어울리는 한 쌍이니까.

4인분

INGREDIENTS

달걀(대) 8개
슈레드 체더치즈 1컵(80g)
무염 버터 2큰술
우유(전유) 6큰술(90ml)
소금 적당량
굵게 간 후추 적당량

HOW TO MAKE

1. 중간 크기 볼에 달걀과 우유를 넣어 소금과 후추로 간한 뒤 포크로 잘 풀어서 섞는다.

2. 큰 팬을 중강 불에 올리고 버터를 올린 뒤 팬을 휘휘 돌려 골고루 바닥에 묻힌다.

3. 팬이 뜨거워지고 기포가 가라앉으면 달걀 혼합물을 붓는다. 달걀이 익는 동안 뒤집개로 달걀 가장자리를 천천히 가운데로 끌어와 커다란 물결을 일으키며 2~3분간 몽글몽글하게 만든다.

4. 팬을 불에서 내리고 치즈를 뿌린다. 이때 약 1분 만에 치즈가 녹아야 한다. 맛을 보고 소금과 후추로 간을 조절한다. 바삭한 베이컨(34쪽)과 토스트를 곁들여 바로 낸다.

✦ **ASHFORD AND SIMPSON**
미국의 유명한 부부 듀오 뮤지션

BREAKFAST

억만장자 베이컨
Billionaire's Bacon

조금은 특별해지고 싶을 때, 평범한 베이컨은 지겨울 때 시도하기 좋은 메뉴야. 원래 이름은 백만장자 베이컨이라는데, 톡 쏘는 후추와 매콤한 고춧가루, 디안젤로D'Angelo의 노래처럼 달콤한 황설탕(미국의 소울 뮤지션인 디안젤로의 대표곡 〈Brown Sugar〉에 빗댄 표현)을 듬뿍 넣으면 이 스누피 아저씨의 억만장자 베이컨으로 바꿀 수 있어. 내 친구 저스틴 팀버레이크Justin Timberlake가 마크 저커버그Mark Zuckerberg에 관한 영화 〈소셜 네트워크The Social Network〉에서 숀 파커를 연기할 때 이렇게 말했잖아. "백만 달러는 시시해. 10억 달러는 되어야지." 어서 먹고 10억 달러를 벌러 가자고!

4인분

INGREDIENTS

두꺼운 베이컨 8장

공간이 생기지 않도록 단단히 눌러 계량한 황설탕 ½컵(100g)

굵게 간 후추 1작은술

레드 페퍼 플레이크 1작은술

HOW TO MAKE

1. 오븐의 상단 ⅓ 부분에 선반을 설치하고 200도로 예열한다. 베이킹 팬에 쿠킹 포일을 깔고 포일 위에 철망을 올려 한쪽에 둔다.

2. 작은 볼에 황설탕과 후추, 레드 페퍼 플레이크를 넣고 잘 섞는다.

3. 철망 위에 베이컨을 올리고 황설탕 혼합물을 베이컨 위에 골고루 뿌린다.

4. 베이킹 팬을 오븐에 넣고 25~30분간 구우면서 골고루 익도록 중간에 팬을 180도 돌려준다. 베이컨에 윤기가 흐르고 바삭해지면 다 익은 것이다.

5. 오븐에서 베이킹 팬을 꺼내 철망 위에 놓고 5분간 식힌다. 애시포드와 심슨 달걀(35쪽)을 곁들이거나 상류층 오믈렛(39쪽)에 넣어 따뜻할 때 낸다.

상류층 오믈렛
Mile-High Omelet

돈방석을 깔고 앉아 억만장자 베이컨을 먹으면서 '이보다 럭셔리한 게 있을까?' 하고 생각하고 있다면? 일찍이 믹이라는 현자는 모든 것에 계급이 있다고 했지.(미국의 래퍼 믹 밀**Meek Mill**의 곡 〈Levels〉의 가사를 일컫는다.) 아침 식사도 마찬가지야. 그렇다면 한 계급쯤 올라서도 좋지 않겠어? 불을 지피고, 양파를 썰고, 베이컨을 부숴 넣고, 달걀을 깨고. 이제 젓는 거야. 마음껏. 팬에 대고 휘휘. 그런 다음 미시즈 버터워스**Mrs. Butterworth** 시럽을 뿌리면 사탕보다 달콤한 오믈렛이 완성되지. 이런 게 최고를 위한 아침 식사야. 자신을 속이지 말고 귀하게 대하라니까.

2인분

INGREDIENTS

억만장자 베이컨(36쪽) 통으로 2장과 잘게 썬 2장

잘게 썬 신선한 차이브 1큰술 + 장식용 여유분

달걀(대) 4개

슈레드 샤프 체더치즈✦ ½컵 (40g)

무염 버터 2큰술

소금 ½작은술

굵게 간 후추 ½작은술 + 간 맞출 여유분

✦ 체더치즈는 숙성도에 따라 마일드, 미디엄, 샤프, 엑스트라 샤프 등으로 나뉘는데, 샤프는 비교적 숙성이 많이 되어 톡 쏘는 맛이 강한 종류를 말한다.

HOW TO MAKE

1. 작은 볼에 달걀과 물 2큰술, 소금, 후추를 넣고 흰자와 노른자가 잘 섞여 거품이 날 때까지 젓고 한쪽에 둔다.

2. 큰 코팅 팬을 중강 불에 올리고 버터를 올린 뒤 팬을 휘휘 돌려 골고루 바닥에 묻힌다.

3. 팬이 뜨거워지고 기포가 가라앉으면 달걀 혼합물을 팬 가운데에 붓고 팬을 사방으로 기울여 바닥 전체를 골고루 덮게 한다.

4. 달걀 모양이 잡히기 시작하면 뒤집개로 가장자리를 가운데 쪽으로 살짝 들어 덜 익은 부분이 오믈렛 아래 팬 가장자리 쪽으로 흘러가게 한다. 아랫면의 형태가 잡히고 가장자리가 바삭해질 때까지 3~4분간 더 익힌다. (이때 윗면은 여전히 덜 익은 상태일 것이다.)

5. 오믈렛 가운데에 길게 체더치즈와 차이브를 뿌리고 30초 더 익힌다. 체더치즈와 차이브 위에 베이컨 2장을 올린다.

6. 뒤집개로 오믈렛을 반 접는다. 팬을 기울여 오믈렛을 가장자리로 미끄러뜨린 뒤 서빙용 접시로 조심스럽게 옮긴다.

7. 후추를 뿌리고 차이브와 잘게 부순 베이컨으로 장식한다. 따뜻할 때 낸다.

OG MUNCHIES
CEREAL ROUNDUP

*

갱스터의 군것질
시리얼 편

~ 1 ~
럭키 참스
LUCKY CHARMS

조니 당Johnny Dang(텍사스 주 휴스턴에서 활동하며 치아용 액세서리 '그릴즈'로 유명해진 베트남계 보석 디자이너)의 그릴즈에 박힌 색색의 다이아몬드 알을 말하는 게 아니야. 아일랜드 민화에 나오는 작은 남자 요정 레프러콘이 홍보하는 시리얼 말이야. 정말이지 이 요정 친구는 뭘 좀 아는 것 같아. 한 숟가락 가득 마시멜로를 퍼먹을 때 느껴지는 행복감이란! 이름처럼 행운의 여신이 부적을 한아름 안겨주는 것 같다고나 할까?

~ 2 ~
허니 너트 치리오스
HONEY NUT CHEERIOS

노란 상자에 든 오리지널 플레인 치리오스에서 한 단계 업그레이드된 거야. 그 밋밋한 치리오스가 성에 차지 않는다면 갈색 치리오스로 바꿔봐. 작은 꿀벌이 꿀을 한 방 쏴준 것처럼 달콤한 맛에 혀가 얼얼해진다니까. 유난히 단 게 당길 때가 있잖아. 무슨 말인지 알지?

~ 3 ~
위티스
WHEATIES

챔피언들의 아침 식사 위티스! 그런데 왜 이 빅 보스 독을 모델로 쓰지 않았을까? 뭐, 어찌 됐든 괜찮아. 어쨌든 난 연예인 농구 대회에 나가기 전에 위티스를 한 그릇 해치우거든. 그다음엔? 당연히 위디스Weedies(대마를 뜻하는 위드weed를 이용한 말장난)지. 라임이 딱딱 맞네.

~ 4 ~
프룻 룹스
FRUIT LOOPS

어릴 때 나는 이 시리얼의 마스코트인 큰부리새 샘을 좋아했어. 그땐 알록달록한 색깔에 끌렸지. 하지만 솔직히 어떤 색이건 맛은 다 똑같잖아. 이 시리얼의 진가는 마지막에 무지개색으로 변한 우유를 후루룩 마실 때 맛볼 수 있어. 빅 스눕의 가슴에도 아직은 어린아이가 살고 있거든. 다들 그렇지 않나? 어이, 손 좀 들어봐!

~ 5 ~
땅콩버터 맛 캡틴 크런치
CAP'N CRUNCH

사실 이게 정말 땅콩버터 맛인지 아니면 캡틴 크런치 맛인지는 잘 모르겠어. 하지만 요란한 소리를 내며 이 고소한 달콤함을 음미하다가 정신을 차려보면 옷에 부스러기가 한가득 붙어 있단 말이지. 경고: 너무 많이 먹으면 입천장이 불에 탄 카펫처럼 까끌거림. 스눕 독의 말을 들을 것!

CHAPTER 2

Lunch

점심

다 썰어버려! 샐러드 Chop it Up! Salad 45

킹 클래식 시저 The King Classic Caesar 46

휴식 같은 점심 The Lunch Briz-eak 48

두둑한 잠수함 Get That Bread Sub 49

갱스터의 프라이드 볼로냐 샌드위치 OG Fried Bologna Sandwich 50

미시시피 메기 샌드위치 Mississippi Catfish Sandwich 54

카리브해의 여왕 쿠바노 샌드위치 Caribbean Queen Cubano 58

노 리밋 포보이 No-Limit Po' Boy 60

내 기억에 가장 많이 남아 있는 점심을 꼽으라면

대개는 롱비치 폴리테크닉 고교 시절의 점심시간이야. 하, 그 시절 나랑 친구들은 끝내주는 점심시간을 보냈거든. 학교 식당에서 친구들이 탁자를 두드려주면 나는 박자에 맞춰 프리스타일 랩을 했어. 그때부터 래퍼의 꿈을 키우기 시작했을 거야. 랩을 하지 않을 때는 서로의 옷이나 외모, 그 밖에 다양한 청소년기의 관심사를 놓고 서로를 놀려대곤 했지. 딱 하나 안 좋은 기억이 있다면? 바로 음식이었어. 학교 식당 음식이 지금 생각해도…… 아아, 정말이지 별로였거든! 물론 지금 나의 점심 메뉴는 밥 먹듯이 수업을 빼먹던 그 시절보다 훨씬 나아졌지. 요즘엔 내가 점심으로 뭘 먹는지 보여줄게.

다 썰어버려! 샐러드
Chop it Up! Salad

보스에게 어울리는 가벼운 점심. 나는 유명한 '갱스터'를 생각하면 떠오르는 사람이 딱 한 명뿐이야. 바로 비토 코를네오네**Vito Corleone**. 영화와 소설 〈대부**The Godfather**〉의 주인공이지. 그런데 갓파더 비토가 좀 뚱뚱했다는 건 누구나 알잖아. 그럼 이 독파더는? 사람들이 괜히 나더러 슬림하다고 하겠어? 갱스터라고 해서 보스들과 마주 앉았을 때 꼭 파스타 한 접시를 후루룩 해치워야 한단 법은 없다니까. 보란 듯이 샐러드를 꺼내놓고도 얼마든지 갱스터처럼 세게 나갈 수 있다고. 하지만 절대로 물러 터지진 않았다는 걸 보여줘야지. 살라미도 먹고 프로볼로네 치즈도 먹으면서 말이야. 그럼 이제 칼맛을 좀 보여줄까?

2인분

INGREDIENTS

비네그레트 드레싱 재료

발사믹 식초 ½컵(120ml)

엑스트라 버진 올리브 오일 1컵 (240ml)

홀그레인 또는 디종 머스터드 1큰술

말린 오레가노 1작은술

소금 약간

굵게 간 후추 약간

샐러드 재료

약 12mm 크기로 깍둑썰기한 살라미 1컵(340g)

잘게 썬 로메인 상추 ½통

잘게 썬 오이 ½개

잘게 썬 토마토(중) ½개

건져서 헹군 병아리콩 430g 통조림 1개

씨를 빼고 잘게 썬 칼라마타 올리브 ½컵(160g)

약 12mm 크기로 깍둑썰기한 프로볼로네 치즈 1컵(320g)

HOW TO MAKE

비네그레트 드레싱 만들기

작은 볼이나 뚜껑 있는 병에 발사믹 식초와 올리브 오일, 머스터드, 오레가노를 넣고 잘 섞은 뒤 소금과 후추로 간한다. 골고루 섞거나 뚜껑을 덮고 힘차게 흔든다. 맛을 보면서 후추로 간을 추가하고 한쪽에 둔다.

샐러드 만들기

1. 큰 볼에 상추와 오이, 토마토, 병아리콩, 올리브, 치즈, 살라미를 넣고 잘 섞는다.

2. 비네그레트 드레싱을 다시 잘 섞어서 넣고 드레싱이 골고루 묻도록 뒤적여 바로 낸다.

킹 클래식 시저
The King Classic Caesar

점심으로 클래식한 시저 샐러드만 한 건 없지.

2인분

INGREDIENTS

드레싱 재료

다진 마늘 2쪽 분량
갓 짠 레몬 즙 2큰술
디종 머스터드 1큰술
우스터 소스 2작은술
마요네즈 1컵(240g)
올리브 오일 ⅓컵(80ml)
그레이터로 간 파르메산 치즈 ½컵(15g)
앤초비 페이스트 1작은술
굵게 간 후추 ½작은술

샐러드 재료

뼈와 껍질을 제거한 닭가슴살 2개
로메인 상추 2통
잘게 썬 차이브 1큰술
웨지 모양으로 썬 레몬 1개
그레이터로 간 파르메산 치즈 ½컵(15g)
크루통 ½컵(40g)
소금 ½작은술
굵게 간 후추 ½작은술

HOW TO MAKE

드레싱 만들기

중간 크기 볼에 다진 마늘과 레몬 즙, 머스터드, 우스터 소스를 넣고 매끈하게 잘 섞는다. 마요네즈와 올리브 오일, 파르메산 치즈, 앤초비 페이스트, 후추를 넣고 휘저어 둔다.

샐러드 만들기

1. 중강 불에 그릴 팬을 올린다.
2. 닭가슴살에 소금과 후추를 골고루 뿌려 밑간한다.
3. 팬에 올려 한쪽에 4~5분씩, 또는 조리용 온도계를 꽂아 넣었을 때 75도가 될 때까지 굽는다. 불에서 내려 완전히 식힌 뒤 각각 6조각으로 썬다.
4. 로메인 상춧잎을 접시 한쪽에 놓는다. 그 위에 크루통과 썬 닭가슴살을 올리고 파르메산 치즈와 차이브를 뿌린다. 드레싱을 골고루 붓고 남은 것은 레몬과 함께 곁들여 바로 낸다.

응용 팁

빅 스눕 독은 클래식 시저 샐러드를 어떻게 응용할까? 닭가슴살 대신 '감자칩으로 튀긴 닭 날개'(80쪽)를 넣어. 그것도 아주 듬뿍. 가슴살보다 덜 질기고, 더 부드럽지. 뼈를 발라내고 잘게 찢어서 흩뿌리는 거야. 그래, 그렇게. 아주 잘하고 있어.

휴식 같은 점심
The Lunch Briz-eak

자자, 우리끼리니까 솔직하게 얘기해봐. 괜찮다니까. 솔직히 점심시간에 급하게 뭔가를 먹고 싶지 않을 때도 있잖아. 그냥 한 대 피우러 나가고 싶을 때도 있지. 아이, 다 알아. 정말 괜찮다니까. 하지만 할 일이 산더미같이 쌓여서 샌드위치 하나 사러 갈 시간도 없다면 사과와 포도, 다른 과일을 조금씩 넣고 꿀과 땅콩버터를 섞어봐. 어쨌든 남은 하루 동안 짜증 나는 동료들을 상대할 힘은 비축해야지. 단, 자리로 돌아가기 전에 향수 뿌리는 거 잊지 마! 그 일을 당장 그만두고 싶지 않다면. 자, 이제 셔츠 깃 한 번 올리고. 다시 컴퓨터 앞으로 가서 하던 거 마저 해.

1인분

INGREDIENTS

씨를 빼고 웨지 모양으로 썬 사과(중) 1개
슬라이스한 바나나(중) 1개
포도 1송이
땅콩버터 3큰술
꿀 2큰술

HOW TO MAKE

1. 접시 위에 사과와 바나나, 포도를 펼쳐 올린다.

2. 꿀을 뿌리고 원하는 것을 집어 땅콩버터를 찍어 먹는다.

두둑한 잠수함
Get That Bread Sub

길쭉한 빵을 반으로 갈라 만든 샌드위치를 섭이라고 부르기도 하는데, 호기 **hoagie**나 히어로 **hero**, 포보이 **po'boy**라고 부르기도 해. 나처럼 전국 각지를 돌아다니면, 그날 밤 어느 지역에서 공연하느냐에 따라 이름이 달라지거든. 어쨌든 살라미와 프로볼로네 치즈, 매콤한 고추를 얹으면 확실히 '갱스터' 느낌이 나지. 나는 진지하게 일하는 날, "내가 네 보스야." 하는 분위기를 팍팍 내고 싶을 때 이 샌드위치를 먹어. 하지만 갱스터 놀이보다 중요한 건 빵을 잘 고르는 거야. 기본에 충실하라는 뜻이지. 내가 애송이 시절에 동네에서 좀 놀던 형들은 이렇게 말했거든. "진짜 중요한 건 빵 **bread**(돈을 뜻하는 속어)이야." 돈 코를레오네 수준의 고기가 없다고 걱정할 필요 없어. 적당히 단단하고 매콤한 고기, 부드럽고 기름진 고기와 신선한 빵만 있으면 현명한 대부 못지않게 맛있는 샌드위치를 즐길 수 있다니까.

2인분

INGREDIENTS

샌드위치 재료

반으로 가른 16인치(40.5cm) 이탈리안 롤 1개 또는 8인치(20cm) 이탈리안 롤 2개

모르타델라 또는 볼로냐소시지 4장

매운 카피콜라✦ 6장

소프레사타✦✦ 6장

살라미 6장

프로볼로네 치즈 8장

마요네즈 적당량(선택)

토핑 재료

슬라이스한 토마토 적당량

가늘게 채 썬 아이스버그 상추 적당량

얇게 슬라이스한 적양파 적당량

슬라이스한 노란 고추(바나나 페퍼) (선택)

엑스트라 버진 올리브 오일 약간

레드 와인 비네거 약간

오레가노 넉넉히 1꼬집

소금 약간

굵게 간 후추 약간

HOW TO MAKE

샌드위치 만들기

1. 마요네즈를 사용한다면 원하는 만큼 샌드위치 빵 안쪽면 양쪽에 모두 펴 바른다.

2. 빵 가운데에 모르타델라와 카피콜라, 소프레사타, 살라미를 가장자리가 서로 겹쳐 옆으로 내려오도록 끼워 넣는다.

3. 프로볼로네 치즈를 올린다.

샌드위치 마무리

1. 토마토와 상추, 적양파, 노란 고추를 맨 위에 올린다.

2. 올리브 오일과 레드 와인 비네거를 원하는 대로 뿌린다. 오레가노를 뿌리고 소금과 후추로 간해서 바로 낸다. 벌써 다 해치우지 않았다면.

✦ **CAPICOLA**: 돼지 목살이나 어깻살을 아주 얇게 저민 뒤 소금에 절여 말린 이탈리아 햄의 일종

✦✦ **SOPPRESSATA**: 주로 이탈리아 남부 지방에서 생산되며 고추와 마늘 등의 향신료를 넣은 살라미의 일종

갱스터의 프라이드 볼로냐 샌드위치
06 Fried Bologna Sandwich

1. 볼로냐소시지
2. 빵

이건 모두가 인정하는 우리 동네 클래식 메뉴야. 어릴 때 출출해서 냉장고를 열어보면 주로 차게 먹는 가공 고기가 남아 있었거든. 어느 날 나는 차가운 볼로냐소시지를 프라이팬에 구워 먹는 환상적인 아이디어를 떠올렸고, 그렇게 해서 내가 가장 좋아하는 메뉴가 탄생했지. 오스카 마이어 Oscar Meyer 볼로냐소시지를 치즈랑 같이 구우면 끝내주는 한 끼 식사가 되거든! 이제 우린 싸구려 볼로냐소시지 대신 최고급 숙성 고기를 즐겨 먹긴 하지. 그래도 여전히 우리가 즐겨 피우는 '그것'과 가장 잘 어울리는 건 바로 이 샌드위치야. 아무래도 슬라이스 치즈는 "연기를 피워" 훈제한 고다 치즈로 바꿔야 하지 않나 싶네.

1인분

INGREDIENTS

흰 빵 2장
볼로냐소시지 3장
가공 슬라이스 치즈 3장
무염 버터 1큰술
옐로 머스터드 1작은술
바비큐 맛 포테이토 칩 원하는 만큼

HOW TO MAKE

1. 볼로냐소시지를 도마 위에 놓고 가운데서부터 가장자리까지 칼로 한 줄 그어 틈을 낸다.

2. 중간 크기 팬을 중불에 올리고 버터를 녹인다. 팬을 휘휘 흔들어 버터가 팬 바닥을 완전히 덮게 한다. 팬이 달궈지고 기포가 가라앉으면 빵을 넣어 노릇해질 때까지 한 면을 약 2분씩 굽는다. 도마로 옮기고 빵 한 쪽에 머스터드를 펴 바른다.

3. 팬을 다시 불에 올리고 볼로냐소시지를 한 겹으로 올린다. 가장자리가 노르스름해지고 바삭해질 때까지 2~3분 익힌다. 볼로냐소시지를 뒤집고 슬라이스 치즈를 한 장씩 올린 뒤 치즈가 녹기 시작할 때까지 2~3분간 익힌다.

4. 머스터드를 바르지 않은 빵 위에 구운 볼로냐와 치즈를 얹어 먹을 수 있을 만큼, 혹은 샌드위치가 닫힐 수 있을 만큼 포테이토 칩을 올린다.

5. 나머지 빵을 머스터드 바른 면이 아래로 오도록 위에 덮고 신나게 즐긴다.

소울 푸드

미시시피 메기 샌드위치

MISSIS-
SIPPI
CATFISH
SANDWICH

4인분

미시시피에 있는 우리 가족을 떠올리게 하는 요리야. 거기서 가족과 식사를 할 때면 식탁 어딘가에는 꼭 **메기**가 올라와 있고 한쪽 옆에는 **허시퍼피**(주로 미국 남부 지역에서 먹는, 옥수숫가루로 만든 작은 튀김 과자)가 있거든. 내가 기억하기로 아주 어릴 때부터 그랬어. 사실 캘리포니아 친구들은 다들 남부 어딘가에서 이 황금의 주로 이주한 할아버지의 후손이거든. 엄밀히 말하면 우리는 모두 남부에서 출발한 셈이야.

캘리포니아에서도 생선튀김을 먹지만 미시시피에서 메기와 허시퍼피를 먹고 있으면 아주 오래전으로 돌아간 기분이 들어. 음악 잡지 기자들은 늘 내 안에 **옛날 사람**이 들어앉아 있는 것 같다고 했거든. 꼭 과거랑 연결돼 있는 것 같다고 말이야. 내가 가족과 함께 마당에 앉아 **메기 샌드위치**에 핫소스를 듬뿍 뿌려 먹는 광경을 보면 왜 그런지 금세 이해할 텐데.

타르타르 소스
TARTAR SAUCE

INGREDIENTS

잘게 다진 신선한 딜 1큰술
잘게 깍둑썰기한 브레드 앤드 버터 피클✦ 2큰술
마요네즈 ½컵(120g)
브래드 앤드 버터 피클 국물 2작은술
소금 약간
굵게 간 후추 약간

✦ **BREAD-AND-BUTTER PICKLES:** 오이를 껍질째 원형으로 슬라이스해서 설탕과 양파, 겨자씨, 셀러리, 강황, 식초 등을 끓인 물에 절여서 만드는, 햄버거나 샌드위치에 주로 사용되는 피클

메기 샌드위치
CATFISH SANDWICHES

INGREDIENTS

흰 소프트 샌드위치 롤 4개
반으로 자른 230g 메기 필렛 2개
로메인 상춧잎 4장
풀어놓은 달걀(대) 2개
튀김용 식물성 기름 적당량
중력분 ¾컵(105g)
곱게 간 옥수숫가루 ¾컵(105g)
카이엔 페퍼 가루 ¼작은술
소금 약간
굵게 간 후추 약간
곁들임 핫소스(선택)

타르타르 소스 만들기
TARTAR SAUCE

작은 볼에 마요네즈와 피클, 딜, 피클 국물을 넣고 잘 섞는다.
소금과 후추로 간한 뒤 다시 잘 저어 섞는다.
뚜껑을 덮어 먹기 전까지 냉장고에 넣어둔다.

메기 샌드위치 만들기
CATFISH SANDWICHES

1 얕은 볼에 밀가루를 넣는다. 다른 얕은 볼에 옥수숫가루와 카이엔 페퍼가루를 넣어 잘 섞는다. 또 다른 얕은 볼에 달걀을 깨트려 넣은 뒤 소금과 후추로 간하여 잘 섞어 총 3개의 볼을 만든다.

2 메기 필렛을 한 조각씩 집어 밀가루 볼에 넣고 밀가루를 골고루 묻힌 뒤 달걀물 볼에 담갔다가 여분을 털어낸다. 마지막으로 옥수숫가루 볼에 넣어 굴려 옷을 입히고 한쪽에 놓아둔다.

3 무쇠 팬이나 튀김기를 센 불에 올리고 식물성 기름을 7.5cm 깊이로 부어 190도로 가열한다. 이때 접시에 미리 키친타월을 깔아놓는다.

4 뜨거운 기름에 메기 필렛을 조심히 넣는다. 중간에 한 번 뒤집어가며 전체가 노릇해질 때까지 5~7분간 튀긴다. 익은 필렛을 키친타월을 깔아둔 접시로 옮겨 기름을 뺀다.

5 샌드위치 롤을 기호에 따라 굽고 자른 단면 양쪽에 타르타르 소스를 펴 바른다. 메기 필렛 1조각과 로메인 상춧잎 1장을 넣는다. 기호에 따라 핫소스를 곁들여 바로 낸다.

카리브해의 여왕 쿠바노 샌드위치
Caribbean Queen Cubano

마이애미는 릭 로스와 DJ 칼리드**DJ Khaled**, 엉클 루크**Uncle Luke** 같은 친구들의 본거지이기도 하지만 내가 지금껏 가본 가장 나쁜 클럽들이 모여 있는 곳이기도 해. 마치 퍼프 대디가 주말마다 파티를 여는 것 같다니까. 미국 전역을 통틀어 이런 덴 어디에도 없어. 진한 라틴의 풍미, 뚜렷한 카리브해의 문화, 진짜 핫한 분위기. 나는 진짜 보스처럼 올드카를 타고 사우스 비치나 스타 섬을 한 바퀴 돌곤 해. 단, 이곳의 매력은 여자들과 날씨만이 아니야. 로마에 가면 로마의 법을 따르라는 말이 있잖아. 이곳에선 어디서도 맛볼 수 없는 음식을 즐길 수 있거든. 콜롬비아 음식, 도미니카 음식, 푸에르토리코 음식, 아이티 음식, 자메이카 음식까지. 하지만 마이애미에서 가장 맛있는 건 옛날식으로 만든 쿠바노 샌드위치야. 햄도 한가득, 풍미도 한가득이거든. 먹다 남은 돼지고기가 없다면 햄을 두 배로 늘려봐. 기쁨도 두 배, 재미도 두 배가 되지. 마다할 이유가 없잖아?

2인분

INGREDIENTS

반으로 가른 표면이 딱딱한 소프트 롤 2개

먹다 남은 잘게 찢은 돼지고기 구이 2컵

두꺼운 슬라이스 햄 8장(가급적 블랙 포레스트 햄✦)

슬라이스한 딜 피클 2개 + 피클 국물 2큰술

스위스 슬라이스 치즈 8장

무염 버터 4큰술(55g) + 빵에 바를 여분

옐로 머스터드 적당량

마요네즈 적당량

✦ **BLACK FOREST HAM**: 독일 남서부의 거대한 삼림지대인 흑림 지역에서 유래한 건조 숙성 훈제 햄의 일종

HOW TO MAKE

1. 피클 국물을 샌드위치 롤 안쪽 면에 뿌린다.

2. 롤 안쪽 면에 머스터드와 마요네즈를 얇게 펴 바른다.

3. 양쪽 면에 스위스 치즈를 2장씩 얹고 그 위에 피클을 골고루 올린다.

4. 양쪽 면에 햄을 2장씩 얹고 한쪽 햄 위에 돼지고기 1컵을 얹는다. 샌드위치 양면을 포갠 뒤 샌드위치 윗면에 버터를 얇게 펴 바른다.

5. 큰 팬을 중간 불에 올리고 버터 4큰술을 녹인다. 팬을 휘휘 흔들어 버터가 팬 바닥을 완전히 덮게 한다.

6. 팬이 뜨거워지고 기포가 가라앉으면 샌드위치를 놓는다. 샌드위치 위에 깨끗한 무쇠 팬이나 무겁고 큰 접시를 얹어(이때 샌드위치가 고르게 눌려 평평해져야 한다.) 3~4분간 익힌다. 뒤집개로 샌드위치 가장자리를 올려 바닥이 노릇하고 바삭하며 치즈가 완전히 녹았는지 확인한다. 뒤집어서 3~4분 더 익히고 똑같이 확인한다.

7. 팬에서 샌드위치를 꺼내 반으로 잘라 바로 낸다.

노 리밋 포보이
No Limit Po' Boy

뉴올리언스에서는 길쭉한 잠수함 샌드위치를 포보이('poor boy'의 줄임말)라고 하거든. 나는 그 도시가 있는 루이지애나에서 꽤 많은 시간을 보냈지. 노 리밋**No Limit** 레코드의 대장인 마스터 P 덕분이야. 이 위대한 친구가 내게 "쇼 비즈니스"에서 "비즈니스"를 어떻게 하는지 가르쳐준 덕분에 나는 금세 큰물에서 노는 대어가 되었거든. 이 차퍼 시티**Chopper City**(미국의 래퍼 B.G.가 1999년에 발표한 앨범 제목과 그가 루이지애나에서 창립한 음반사의 이름에서 유래한 뉴올리언스의 별칭으로, 힙합계에서 chopper는 기관총이나 자동 소총을 일컫는 속어)에서 나는 새우를 그저 소스에 찍어 먹기만 하는 게 아니라 긴 샌드위치 빵에 넣어 마요네즈를 조금 곁들여도 좋다는 것을 배웠어. 스눕 독의 레시피대로 만들면 '모두가 오, 하고 감탄할 거야. 오**uhh**, 나-나나-나**Na-nahna-nah**.(마스터 G의 노래 〈Make 'em Say Uhh〉의 제목 겸 가사) 정말 노 리밋, 즉 무한대로 맛있거든.

4인분

INGREDIENTS

새우튀김 재료

껍질을 벗기고 내장을 뺀 새우 455g

튀김용 카놀라유 적당량

버터밀크 1컵(240ml)

중력분 1컵(140g)

노란 옥수숫가루 1컵(140g)

카이엔 페퍼 가루 1작은술

마늘 가루 1작은술

소금 약간

굵게 간 후추 약간

포보이 재료

반으로 가른, 표면이 딱딱한 흰 샌드위치 롤 4개

슬라이스한 토마토(중) 1개

가늘게 채 썬 아이스버그 상추 1컵 (45g)

마요네즈 적당량

핫소스 적당량

곁들임 피클 렐리시 적당량

HOW TO MAKE

새우에 튀김옷 입히기

1. 큰 볼에 밀가루와 옥수숫가루, 카이엔 페퍼 가루, 마늘 가루를 넣고 잘 저어 섞는다. 소금과 후추로 간한 뒤 다시 잘 섞은 다음 얕고 넓은 그릇으로 옮겨 담는다. 얕고 넓은 그릇을 하나 더 준비해 첫 번째 그릇 옆에 놓고 버터밀크를 붓는다. 두 그릇 옆에 튀김옷을 입힌 새우를 놓아둘 철망이나 팬을 놓는다.

2. 새우를 버터밀크에 완전히 잠기게 넣는다. 한 번에 한 줌씩 넣었다가 꺼내 여분의 버터밀크를 그릇에 털고 밀가루 그릇에 넣어 겉면 전체에 밀가루를 골고루 묻힌다. 튀김옷을 입힌 새우를 철망이나 팬 위에 놓고 남은 새우도 똑같은 방식으로 튀김옷을 입혀 한쪽에 둔다.

새우튀김 만들기

1. 깊은 팬을 센 불에 올리고 카놀라유를 5cm 깊이로 부어 190도로 가열한다. 접시 위에 철망을 올려놓거나 팬에 키친타월을 깔아서 준비한다.

2. 새우를 몇 마리씩 나누어 뜨거운 기름에 조심해서 넣는다. 한 번에 너무 많이 넣으면 기름을 많이 먹을 수 있으니 주의한다.

3. 겉면 전체가 노릇해질 때까지 3~4분 튀긴다. 다 익으면 뜰채로 건져 준비해 놓은 철망이나 팬으로 옮겨 기름을 뺀다.

포보이 만들기

1. 기호에 따라 샌드위치 롤을 구워도 좋다.

2. 양쪽 단면에 모두 마요네즈와 핫소스를 바른다.

3. 새우튀김과 토마토, 상추를 사이에 넣는다. 피클 렐리시와 핫소스를 곁들여 바로 낸다.

OG MUNCHIES
CHIP ROUNDUP

갱스터의 군것질
과자 칩 편

~ 1 ~

레이스 바비큐 포테이토 칩
LAY'S BARBECUE POTATO CHIPS

발전을 거듭하는 과자. 이 바비큐 포테이토 칩은 우리가 옛날 동네 구멍가게에서 사 먹던 저렴한 레이스 칩의 고급 버전이야. 그런데 정말 제대로 만들었다니까. 마음에 든다면 부숴서 닭 날개 튀김에 뿌려 먹어도 좋아.

~ 2 ~
프리토스
허니 바비큐 맛 트위스트
FRITO'S HONEY BBQ FLAVOR TWISTS

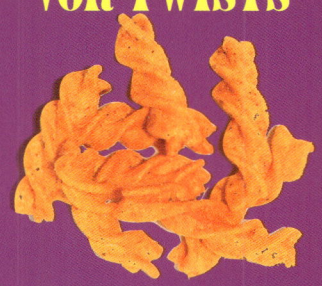

최고의 스낵. 바비큐 맛이 환상적이고 트위스트 모양이라 훨씬 더 바삭하거든. 매번 한두 줌만 먹으려 해도 멈출 수가 없어. 네댓 줌, 때론 한 봉지를 다 먹어 치운다니까.

~ 3 ~
프링글스
PRINGLES

오리지널만 한 게 없지. 이제 수십 가지 맛이 출시되었지만 사실 프링글스는 처음 나왔을 때부터 특별한 원통형 포장 용기로 경쟁자들에게 소금을 팍팍 뿌렸거든. 난 이 색다른 포장이 참 좋더라. 다 먹고 남은 통은 뒷돈을 숨겨놓기에도 좋았으니까. 무슨 말인지 알지?

~ 4 ~
플레이밍 핫 치토스
FLAMIN' HOT CHEETOS

이 동네에선 빼놓을 수 없는 간식이야. 하지만 드라마 〈애틀랜타Atlanta〉에서 우리 친구 다리우스는 이렇게 묻잖아. "플레이밍 핫 치토스는 대체 무슨 맛이야?" 직접 먹어보면 알 거야!

~ 5 ~
칩과 살사
CHIPS AND SALSA

캘리포니아 지역에는 멕시코 문화가 깊게 섞여 있어. 그래서 우린 멕시코 친구들이 먹는 타코 같은 음식을 즐겨 먹지. 그들은 우리에게 진짜 멕시코의 맛을 전수해줬거든. 이걸 먹을 때마다 그들에게 고마워한다니까!

CHAPTER 3

Dinner

저녁

마지막 식사 새우 알프레도 The Last Meal Shrimp Alfredo 67

동네 스타일 스파게티 Spaghetti de la Hood 68

업그레이드 맥앤치즈 Mack and Cheese 70 차원이 다른 연어 Tha Next Level Salmon 72

오스트레일리아 바닷가재 테르미도르 Down Under Lobster Thermidor 74

자메이카 저크 치킨 Yardie Yardbird 78

감자칩으로 튀긴 닭 날개 Get Tha Chip Fried Chicken Wings 80

갱스터 치킨 와플 OG Chicken and Waffles 83

채소를 곁들인 회전 구이를 흉내 낸 통닭 Faux-tisserie Chicken with Vegetables 88

흰쌀밥을 곁들인, 사실은 자주색에 가까운 오렌지 치킨 Orange (but really kinda burgundy) Chicken with White Rice 90

으깬 고구마와 시금치를 곁들인 돼지갈비 Pork Chop Shop with Sweet Potato Mash and Spinach 92

말랑한 타코 Tha Soft Touch Tacos 94

불맛 나는 필레 미뇽 Seared Filet Mignon 96

돌아와 베이비 백 립 Baby Got Back Ribs 98

걸쭉한 남부 검보 Dirty South Gumbo 100

**롱비치 이스트사이드에서 자란 나는
저렴한 저녁 식사에 익숙했어.**

우린 해산물이나 스테이크와는 거리가 멀었지만 그래도 우리 어머니는 소울 푸드를 뚝딱 만들어서 우리를 배불리 먹였지. 조금 더 커서 워런 G WARREN G와 네이트 독 NATE DOGG과 함께 데모 테이프를 만들 때는 각자 주머니를 털어 파파이스 세트 메뉴 하나를 사서 나눠 먹기도 했어. 그러다 보니 적은 돈으로 배를 채울 수 있는 레시피를 많이 알고 있지. 하지만 요즘엔 대부처럼 먹을 때도 있거든. 내가 좋아하는 갱스터 영화를 보면 주인공들은 항상 최고 중의 최고를 먹으니까. 그릴에 구운 스테이크나 신선한 바닷가재 같은 음식 말이야. 그래서 균형을 맞추기 위해 내가 대부 놀이를 할 때 즐겨 먹는 고급 레시피도 두어 가지 넣었으니까 참고하도록.

마지막 식사 새우 알프레도
The Last Meal Shrimp Alfredo

오해하지 마. 〈대부〉에 나오는 못된 배신자 프레도와 이름이 비슷하지만 그와는 전혀 상관없는 요리야. 이 독파더는 보스처럼 먹을 때 사기꾼이나 배신자를 절대 식탁에 앉히지 않거든. 부하들을 초대한 식탁엔 와인이 넘쳐흐르고 음식은 갱스터들의 덩치만큼 푸짐해야 해. 그러니까 어서 의자를 꺼내 턱받이를 하고 자리에 앉아. 여기서 시간이 좀 걸릴 것 같거든.

4~6인분

INGREDIENTS

링귀니 또는 페투치네 파스타 455g

껍질을 벗기고 내장을 뺀 새우 455g

레몬 1개

으깬 마늘 4쪽 분량

분쇄하거나 그레이터로 곱게 간 파르메산 치즈 1컵(30g) + 곁들임 여유분

무염 버터 4큰술(55g)

생크림 1과 ¾컵(420ml)

소금 1작은술 + 소금물용 여유분

굵게 간 후추 약간

HOW TO MAKE

1. 큰 양수 냄비에 진한 소금물을 넣고 센 불에 올려 끓인다. 파스타를 넣어 포장지에 적힌 시간보다 1분 덜 익혀 약간 단단한 상태(알덴테)로 삶는다. 파스타를 건져 물기를 뺀 뒤 다시 냄비에 넣는다.

2. 파스타를 삶는 동안 그레이터로 레몬 1개 분량의 제스트를 갈아 따로 둔다. 껍질을 간 레몬 과육은 6mm 두께의 원형으로 슬라이스하고 보이는 씨는 모두 제거한다.

3. 큰 팬을 중강 불에 올리고 버터를 녹인다. 이때 팬을 휘휘 흔들어 버터가 팬 바닥을 완전히 덮게 한다.

4. 팬이 달궈지고 기포가 가라앉으면 마늘과 레몬 슬라이스를 넣은 뒤 가끔 저으며 밝은 갈색으로 변하고 향이 올라올 때까지 약 5분간 가열한다.

5. 새우를 넣고 계속해서 저으며 살이 단단해질 때까지 2~3분 익히고 팬을 불에서 내린다. 뜰채나 집게를 사용해 새우를 접시로 옮긴다. 레몬과 마늘은 버리되 버터와 육수는 가급적 팬에 남겨둔다.

6. 팬에 생크림과 소금 1작은술을 넣고 약한 불에서 뭉근히 끓여 졸아들 때까지 4~6분간 가열한다.

7. 익힌 새우와 파르메산 치즈, 레몬 제스트를 넣고 뒤적인다. 팬에 있는 내용물을 삶은 파스타가 담긴 냄비에 모두 넣고 잘 저어 섞는다. 후추를 듬뿍 뿌리고 기호에 따라 파르메산 치즈도 얹어서 바로 낸다.

동네 스타일 스파게티
Spaghetti de la Hood

꿀팁 하나

파스타에 마늘빵을 곁들이길 좋아한다면 집에 있는 표면이 딱딱한 흰 빵을 반으로 자른 다음, 마늘 두세 쪽을 으깨어 소금을 약간 섞고 버터와 함께 빵에 발라. 뜨거운 브로일러(오븐에 따라 위치가 다를 수 있지만 대개는 오븐 상단에 있는 열원을 지칭하며, 그 바로 아래 음식을 넣어 윗면을 고열로 단시간에 익히는 '브로일broil' 기능이 일부 오븐에 장착)에 잠깐 구우면 마늘빵이 완성될 거야. 맘껏 즐기길.

우리 동네에서는 미트볼 스파게티를 조금 다르게 만들어. 대개는 파스타를 삶아서 그 위에 소스를 예쁘게 붓고 큰 미트볼 몇 개를 얹잖아. 우린 그럴 시간이 없어. 그냥 냄비에 다 넣고 잘 섞어 주면 끝이야. 그래도 맛은 끝내주거든. 뉴욕이든 캘리포니아 롱비치든 동네에선 다 이렇게 만든다니까. 위에 치즈를 조금 뿌리면 더욱 완벽해질걸. 셰프 독의 말씀!

4인분

INGREDIENTS

스파게티 455g
간 소고기 등심 455g
잘게 썬 양파 1컵(140g)
다진 마늘 4쪽 분량
껍질 벗긴 홀 토마토 800g 통조림 2캔
토마토 페이스트 170g 통조림 1캔
풀어놓은 달걀(대) 1개
잘게 썬 신선한 파슬리 1큰술
월계수 잎 1장
그레이터에 간 파르메산 치즈 1큰술 + 곁들임 여유분
올리브 오일 ¼컵(60ml)
건식 이탈리아 빵가루 1컵(140g)
그래뉴당 1작은술
소금 2작은술 + 소금물용 여유분
굵게 간 후추 ½작은술

HOW TO MAKE

1. 큰 볼에 간 소고기 등심과 빵가루, 파슬리, 파르메산 치즈, 소금, 후추, 달걀물을 넣고 골고루 잘 섞어 반죽을 만든다. 반죽을 탁구공 크기로 동그랗게 빚어 미트볼 12개를 만든다.

2. 큰 무쇠 팬을 중간 불에 올린다. 팬이 뜨거워지면 미트볼을 넣되 한꺼번에 너무 많이 넣지 않도록 주의한다. 가끔 뒤집어가며 갈색이 될 때까지 7~8분간 익힌다. 뜰채로 건져 접시로 옮긴 뒤 팬에 남은 기름은 버린다.

3. 팬을 다시 중간 불에 올리고 올리브 오일을 넣는다. 팬을 휘휘 흔들어 팬 바닥을 완전히 덮게 한다.

4. 팬이 달궈지면 양파와 마늘을 넣고 양파가 투명해질 때까지 4~5분간 볶는다. 홀 토마토와 그래뉴당, 월계수 잎을 넣어 잘 섞은 뒤 맛을 보고 소금으로 간한다. 팬 뚜껑을 덮고 약한 불로 낮춰 30분 동안 뭉근히 끓인다.

5. 토마토 페이스트를 넣고 저어준 뒤 미트볼을 넣는다. 다시 뭉근히 한소끔 끓인 다음 팬 뚜껑을 덮어 30분간 더 익힌다.

6. 소스를 끓이는 동안 큰 양수 냄비에 진한 소금물을 넣고 센 불에 한소끔 끓인다. 스파게티를 넣고 포장지에 적힌 시간보다 1분 덜 익혀 약간 단단한 상태(알덴테)로 삶는다. 스파게티를 건져 물기를 빼고 미트볼과 소스가 있는 팬에 넣는다. 스파게티에 소스가 골고루 묻도록 살살 저어준다.

7. 기호에 따라 마늘빵을 곁들여 스파게티와 미트볼을 함께 낸다.

소울 푸드

업그레이드 맥앤치즈
MACK and CHEESE

4~6인분

남부 요리에서 빼놓을 수 없는 또 하나의 메뉴지. 남부 음식점에 갔는데 아주 꾸덕꾸덕하고 치즈가 듬뿍 들어간 맥앤치즈가 없다면 잘못 찾아간 거니 빨리 나오는 게 좋아. 이런 요리책에 **우리** 음식을 넣을 수 있게 해준 에드나 루이스Edna Lewis(미국의 유명한 흑인 여성 요리사)에게 경의를. 우리가 어릴 때부터 먹었던 진짜 **우리** 음식 말이야. 하지만 클래식 맥앤치즈가 있고 보스 사모님의 **업그레이드 맥앤치즈**가 있어. 여기서는 일명 **"보스 레이디"**, 즉 내 아내인 션티 브로더스Shante Broadus에게 배운 맥앤치즈를 소개할게. 그녀는 음식으로 **이 톡**의 마음을 유인할 수 있다는 걸 알고 이 업그레이드 맥앤치즈를 넉넉히 만들어 남편의 발목을 잡곤 하거든. 아내는 어떻게 하면 내 입맛을 사로잡을지 확실하게 알고 있지. 그녀의 요리는 아무도 따라가지 못할 거야. 이 업그레이드 맥앤치즈가 뭐가 그렇게 특별하냐고? 간단해. 옛날 시트콤 〈벨 에어의 새로 온 왕자님The Fresh Prince of Bel Air〉에 나온 칼튼 뱅크스처럼 제대로 **느끼하다**는 거야.

INGREDIENTS

- 엘보 마카로니(반원형으로 구부러진 마카로니) 455g
- 슈레드 엑스트라 샤프 체더치즈 5컵(400g)
- 무염 버터 4큰술(55g)+팬에 바를 여유분
- 사워크림 ⅔컵(80g)
- 우스터 소스 2작은술
- 우유(전유) 2컵(480ml)
- 생크림 1컵(240ml)
- 중력분 ¼컵(35g)
- 굵게 간 후추 1작은술
- 머스터드 가루 2작은술
- 너트메그 가루 ½작은술
- 카이엔 페퍼 가루 ¼작은술
- 소금 2작은술 + 소금물용 여유분

1. 오븐 가운데에 선반을 설치하고 오븐을 200도로 예열한다. 23x33cm 베이킹 팬에 버터를 가볍게 발라둔다.

2. 큰 양수 냄비에 진한 소금물을 끓인다. 마카로니를 넣고 포장지에 적힌 시간보다 1분 덜 익혀 약간 단단한 상태(알덴테)로 삶고 건져서 물기를 뺀다.

3. 작은 편수 냄비를 중간 불에 올리고 우유와 생크림을 데우되 끓지 않도록 주의한다.

4. 우유가 데워지는 동안 큰 팬을 중간 불에 올리고 버터를 녹인다. 밀가루를 넣고 2~3분 동안 계속 젓다가 데워진 우유를 조금씩 부어가며 잘 섞는다. 자주 저으면서 걸쭉하고 골고루 섞일 때까지 2분 동안 가열한다. (우유가 끓지 않도록 불을 잘 조절해야 한다.)

5. 슈레드 치즈 2와 ½컵(200g)을 조금씩 넣으면서 덩어리 없이 섞일 때까지 잘 젓는다. 사워크림을 넣고 다시 골고루 섞일 때까지 젓는다. 후추와 머스터드 가루, 너트메그 가루, 카이엔 페퍼 가루, 우스터 소스를 넣고 소금으로 간해 치즈 소스를 만든다.

6. 치즈 소스에 삶은 마카로니를 넣고 골고루 섞일 때까지 휘적인다. 버터를 발라 놓은 베이킹 팬에 이 혼합물을 숟가락으로 떠 넣는다. 남은 치즈 2와 ½컵(200g)을 위에 골고루 얹어 색이 노릇해지고 보글거릴 때까지 25~30분 굽는다. 따뜻할 때 낸다.

7. 바로 먹지 않는다면 뚜껑을 덮어 냉장고에서 최대 3일, 비닐 랩이나 쿠킹 포일을 덮어 냉동실에서 최대 2달까지 보관할 수 있다.

차원이 다른 연어
Tha Next Level Salmon

솔직히 요즘에는 연어가 특별한 음식이 아니잖아. 조금 식상한 느낌이 있지 않나? 예전에는 꽤 고급스러운 요리의 상징이었는데 이제는 별다른 감흥이 없지. 이 한물간 생선 필렛을 어떻게 조리할지 막막하다고? 그럴 땐 이 스눕 독을 불러. 허니 머스터드만 살짝 넣어주면 식상했던 재료가 다시 살아나거든. 여기에 초록색 재료를 추가하면 훨훨 날아오르지. 아니, 내가 즐겨 피우는 "약초" 말고 껍질콩 말이야. 특별한 저녁을 만들겠다고 연어처럼 힘들게 강을 거슬러 올라가지 말고 그냥 물살에 몸을 맡기라고. 알았지?

4인분

INGREDIENTS

연어 재료

껍질 벗긴 가운데 토막 연어 필렛(약 4cm 두께) 115~170g 짜리 4개

잘게 썬 신선한 파슬리 1큰술

디종 머스터드 3큰술

꿀 1큰술

화이트 와인 비네거 2작은술

소금 적당량

굵게 간 후추 적당량

껍질콩 재료

다듬은 껍질콩 340g

얇게 슬라이스한 마늘 2쪽 분량

올리브 오일 또는 식물성 기름 2큰술

소금 적당량

굵게 간 후추 적당량

HOW TO MAKE

연어 조리하기

1. 오븐 가운데에 선반을 설치하고 오븐을 220도로 예열한다. 테두리가 있는 납작한 베이킹 팬에 종이 포일이나 쿠킹 포일을 깐다.

2. 큰 볼에 머스터드와 꿀, 화이트 와인 비네거를 넣고 골고루 잘 섞어 소스를 만든다.

3. 연어 필렛 전체를 소금과 후추로 밑간한 뒤 큰 볼에 넣고 소스가 골고루 묻도록 휘적인다. 포일을 깐 베이킹 팬으로 필렛을 옮겨 팬의 짧은 면을 따라 한 줄로 놓는다. 볼에 남은 소스를 필렛 위에 끼얹는다.

껍질콩 조리하기

1. 중간 크기 볼에 껍질콩과 마늘을 넣고 잘 섞는다. 올리브 오일을 뿌리고 골고루 묻도록 휘적인다. 껍질콩을 베이킹 팬 남은 공간에 한 층으로 펼쳐놓고 소금과 후추로 간한다.

2. 팬을 오븐에 넣어 껍질콩은 가장자리가 노릇해지고 부드럽게 무를 때까지, 연어는 가장자리가 연한 갈색을 띠고 안쪽이 기호에 맞게 익을 때까지 10~14분간 익힌다(미디엄은 10분, 미디엄 웰은 12분, 웰은 14분).

3. 오븐에서 베이킹 팬을 꺼낸다. 연어와 껍질콩을 서빙용 접시 4개에 나눠 담고 파슬리를 뿌려 낸다.

오스트레일리아 바닷가재 테르미도르
Down Under Lobster Thermidor

내가 이 요리를 처음 먹어본 건 호주에서였어. 나는 보통 1년에 한 번은 호주에 가거든. 당시 우리는 대규모 순회공연을 하고 있었어. 정말 엄청난 규모였지. 바우와우**Bow Wow**, 넬리**Nelly**, 팻 조**Fat Joe**, 더 게임**The Game**, 버스터 라임즈**Busta Rhymes**, 시애라**Ciara**까지, 웬만한 뮤지션이 모두 출동했으니까. 우리는 7성급 베르사체 호텔에 묵었는데, 유리컵과 바닥재, 재떨이, 수건, 양말, 가운, 심지어 거울까지 모든 게 베르사체 제품이었어. 보통 사람은 갈 수 없는 호텔, 특별한 사람이 되었다는 느낌이 팍팍 드는 호텔이었지.

우리는 평범한 룸서비스를 주문했는데 셰프가 오더니 바닷가재 테르미도르를 꼭 먹어봐야 한다는 거야. 그래서 어디 한번 먹어보자고 했는데…… 와, 정말 환상적인 맛이었어. 미국으로 돌아와서 이 요리를 하는 식당을 찾아보았지만 호주에서 먹은 그 맛이 아닌 거야. 그래서 스눕 독답게 직접 만들어보면서 나만의 풍미를 넣어 원하는 맛을 내려고 노력을 거듭했지. 여러 번 시도한 끝에 정확히 내가 원하는 맛의 바닷가재 테르미도르를 찾아냈어. 그리고 사람들에게 몇 번 만들어주다 보니 내 최고의 특제 요리가 되었다니까. 자, 여기서 비법을 공개할 테니…… 마음껏 즐겨!

응용 팁

나는 바닷가재를 집게 발까지 모두 붙어 있는 상태로 내는 걸 좋아해. 그럼 다 함께 껍질을 벌리면서 분위기가 살아나고 먹을 것도 많아질 뿐 아니라 더 야생적인 식탁이 되거든.

6인분

INGREDIENTS

바닷가재 3마리(마리당 570g)

슈레드 그뤼에르 치즈 1컵(80g)

그레이터로 간 파르메산 치즈 1컵(30g)

잘게 썬 샬롯 2개 분량

잘게 썬 넓은 잎 파슬리 ¼컵(10g)

흰 부분과 초록색 부분을 모두 잘게 썬 쪽파 ½컵(50g)

다진 마늘 3쪽 분량

무염 버터 4큰술(55g)

얼음 적당량

생크림 2컵(480ml)

드라이 화이트 와인 ⅓컵(80ml)

으깬 버터 크래커 ¾컵(60g)

중력분 ¼컵(35g)

머스터드 가루 1작은술

소금 1작은술

굵게 간 후추 ½작은술

HOW TO MAKE

1. 큰 볼에 얼음과 물을 채워 한쪽에 둔다. 베이킹 팬에 쿠킹 포일을 깐다.

2. 큰 육수 냄비에 물을 ¾쯤 넣고 센 불에 올려 한소끔 끓인다. 바닷가재를 넣고 붉은색을 띨 때까지 8~10분간 익힌 뒤 더 익지 않도록 얼음물에 담근다.

3. 만질 수 있을 만큼 식은 바닷가재를 잘 드는 칼로 세로로 반 자른다. 살을 발라 작은 볼에 담고 내장은 제거한다. 바닷가재 껍질을 물에 헹궈 준비해둔 베이킹 팬에 올리고 한쪽에 둔다.

4. 오븐 가운데에 선반을 설치하고 브로일러를 예열한다.

5. 팬에 버터를 올려 중간 불에서 녹인다. 팬을 휘휘 흔들어 버터가 팬 바닥을 완전히 덮게 한다.

6. 팬이 뜨거워지고 기포가 가라앉으면 마늘과 샬롯을 넣고 30초간 익힌다. 밀가루를 조금씩 넣으면서 잘 저어 섞는다. 노르스름한 빛이 돌고 꾸덕꾸덕해질 때까지 약 2분 동안 가열한다. 화이트 와인과 머스터드 가루, 생크림, 소금, 후추를 넣고 덩어리가 없도록 골고루 풀어 섞는다.

7. 그뤼에르 치즈와 파르메산 치즈를 넣고 걸쭉해질 때까지 젓는다. 바닷가재 살을 넣고 소스가 골고루 묻도록 저은 뒤 불에서 내린다. 내용물을 바닷가재 껍질에 골고루 나눠 담고 으깬 크래커를 뿌린다.

8. 바닷가재를 브로일러 아래 넣고 윗면이 노릇해질 때까지 4~5분간 익힌다. 파슬리와 쪽파로 장식해 따뜻할 때 낸다.

자메이카 저크 치킨
Yardie Yardbird

한때 이 스눕 독은 스눕 라이언Snoop Lion으로 변신했었잖아. 내 레게 앨범 〈환생Reincarnated〉을 녹음하러 자메이카로 떠났을 때 가장 좋았던 점은 진짜 저크 치킨을 실컷 먹을 수 있다는 거였어. 이 치킨은 너무 매워서 몇 분 지나서야 반응이 오거든. 내 자메이카 친구들이 만들어준 닭 요리를 먹으면 입에서 불이 나는 것 같았어. 그런 요리라면 보스 독이 직접 만들어봐야 하지 않겠어? 내겐 그 매운맛을 완벽하게 중화해줄 비책도 있으니까. 말 안 해도 알겠지만.

4인분

INGREDIENTS

저크 양념 재료

흰 부분과 초록색 부분을 모두 굵게 썬 쪽파 6개

꼭지를 따고 씨를 제거한 하바네로 고추 2개

껍질 벗긴 마늘 6쪽

껍질 벗긴 신선한 생강 2.5cm 두께 1조각

올리브 오일 ¼컵(60ml)

당밀 2큰술

갓 짠 라임 즙 2큰술

말린 타임 잎 1큰술

올스파이스 가루 1작은술

소금 1작은술

굵게 간 후추 1작은술

8조각(날개 2개, 다리 2개, 가슴 2조각, 허벅지 2개)으로 자른 약 1.6kg 닭 1마리

곁들임 흰쌀밥 적당량

반으로 가른 라임 2개

HOW TO MAKE

저크 양념하기

1. 푸드 프로세서에 올리브 오일과 당밀, 라임 즙, 하바네로 고추, 쪽파, 생강, 마늘, 타임 잎, 올스파이스, 소금, 후추를 넣고 골고루 섞일 때까지 돌린다. 이때 걸쭉한 혼합물이 나와야 한다.

2. 닭을 큰 지퍼백이나 큰 볼에 넣고 위에서 만든 양념을 닭 위로 붓는다. 지퍼백을 봉한 뒤 양념이 골고루 묻도록 주무른다. 큰 볼을 사용하는 경우, 깨끗한 손으로 휘적여 양념을 묻힌 뒤 비닐랩을 씌운다. 양념이 잘 배도록 1시간, 최대 하룻밤 냉장고에 둔다.

저크 치킨 만들기

1. 오븐 가운데에 선반을 설치하고 오븐을 190도로 예열한다.

2. 닭과 양념을 큰 구이용 팬으로 옮긴다. 팬을 오븐에 넣고 닭이 진한 갈색을 띠고 번들거릴 때까지 45~55분간 굽는다. 먼저 날개와 다리가 익었는지 확인한 뒤 다음으로 허벅지와 가슴을 확인한다. 조리용 온도계를 닭에(뼈에 닿지 않도록) 넣었을 때 75도 이상이 되어야 한다.

3. 닭을 오븐에서 꺼내 10분 동안 한 김 식힌다.

4. 흰쌀밥과 즙을 짜 넣을 라임 반쪽을 곁들여 낸다.

감자칩으로 튀긴 닭 날개
Get Tha Chip Fried Chicken Wings

내 사촌 맥션**MacShawn** 100은 샌프란시스코만 출신이야. 활기가 넘치고 사람들에게 많은 웃음을 주는 친구지. 그래서 우리 팀이랑 공연을 자주 다녀. 한번은 함께 공연하다가 무대 뒤에서 음식을 먹는데 닭 날개 맛이 너무 밋밋한 거야. 그때 맥션이 나서서 "거기 감자칩 좀 줘봐." 하더니 감자칩 봉지 안에 닭 날개 두 개를 넣고 마구 흔들더라. 그러고는 한 입을 베어 먹더니 하는 말, "와 씨 미친놈, 먹어봐!" 나는 집에 돌아와 튀김옷에 감자칩을 넣어 닭을 튀겨봤어. 우리 가족 다 감탄을 금치 못했다니까. 레이스 감자칩 바비큐 맛 또는 사워크림 맛을 추천할게. 이 페이지에서 스눕만의 비법을 기꺼이 전수해 드리리.

6인분
닭 날개 28~30개 분량

INGREDIENTS
염지액 재료

오렌지 1개 분량의 껍질
월계수 잎 1장
그래뉴당 ⅓컵(65g)
코셔 소금 ⅓컵(55g)
레드 페퍼 플레이크 1작은술

닭튀김 재료

닭 날개 1.8kg
으깬 감자칩 ¼컵(14g)
카놀라 오일 960ml
버터밀크 2컵(480ml)
중력분 2컵(280g)
옥수숫가루 ¼컵(35g)
마늘 가루 2작은술
카이엔 페퍼 가루 1작은술
베이킹파우더 ½작은술
굵게 간 후추 2작은술
소금 2작은술 + 간 맞출 여유분
곁들임 레몬 페퍼(선택)
곁들임 핫소스(선택)

HOW TO MAKE

닭 염지하기

1. 큰 양수 냄비에 물을 5컵(1.2L) 붓고 냄비를 센 불에 올려 한소끔 끓인다. 그래뉴당과 소금, 월계수 잎, 레드 페퍼 플레이크, 오렌지 껍질을 넣고 설탕과 소금이 녹을 때까지 약 1분간 저으면서 끓이고 불에서 내려 식힌다.

2. 큰 볼에 닭을 넣고 식힌 염지액을 완전히 잠기게 붓는다. 뚜껑을 덮어 냉장고에 10~12시간, 최대 24시간 동안 둔다.

3. 염지액에서 닭을 건져 키친타월로 물기를 톡톡 두드려 닦는다. 한쪽에 놓아두고 염지액은 버린다.

튀김옷 입히기

1. 큰 볼에 밀가루와 옥수숫가루, 으깬 감자칩, 마늘 가루, 카이엔 페퍼 가루, 베이킹파우더, 후추, 소금을 넣고 잘 저어 섞는다. 넓고 얕은 접시로 옮긴다. 다른 넓고 얕은 접시를 그 옆에 놓고 버터밀크를 붓는다. 두 접시 옆에 튀김옷을 입힌 닭을 놓을 철망이나 팬을 놓는다.

2. 날개 하나를 버터밀크에 담근 뒤 꺼내 여분의 버터밀크를 털어낸 다음 밀가루 혼합물에 넣고 굴려 완전히 뒤덮이게 한다. 튀김옷을 입힌 닭 날개를 철망이나 팬에 놓고 나머지도 똑같은 방식으로 튀김옷을 입힌다.

3. 튀기기 전 20~30분 동안 마르게 놓아둔다.

닭 튀기기

1. 큰 무쇠 팬을 중간 불에 올리고 카놀라 오일을 180도로 가열한다. 접시 위에 철망을 놓거나 팬에 키친타월을 깐다.

2. 닭 날개를 몇 개씩 뜨거운 기름에 조심해서 넣되 한꺼번에 너무 많이 넣으면 기름질 수 있으니 주의한다. 닭을 넣으면 기름 온도가 150~160도로 떨어질 것이다. 지켜보면서 온도가 180도로 유지되도록 불을 조절한다.

3. 날개가 노릇해질 때까지 8~10분간 튀기고 색이 너무 진해지면 불을 낮춘다. 닭이 익으면 한 조각씩 집게로 꺼내 준비해 놓은 철망이나 팬에 놓고 기름을 뺀다. 소금과 레몬 페퍼(사용할 경우)를 넉넉히 뿌린다.

4. 기름 온도가 돌아올 때까지 기다렸다가 다시 날개 몇 개를 넣는다. 남은 날개도 같은 방법으로 튀긴다.

5. 핫소스와 레몬 페퍼(사용할 경우)를 넉넉히 곁들여 기호에 따라 뜨겁게 또는 차갑게 낸다.

갱스터 치킨 와플
OG Chicken and Waffles

이왕 만들 거면 로스앤젤레스에 있는 로스코의 치킨 와플 수준은 되어야지. 많은 사람이 식당에서 먹은 음식을 집에서 만들어보잖아. 나 역시 로스코 치킨 와플에 완전히 꽂혀서 집에서도 만들 수 있는지 확인해보고 싶었거든. 이것저것 넣어보며 수없이 시도한 끝에, 어떻게 됐을까? 당연히 성공했지. 가장 어려운 점은 닭 염지 시간을 넉넉히 잡고 튀김옷을 입힌 뒤에도 30분쯤 놓아두는 거야. 알아, 알아. 한시라도 빨리 먹고 싶은 거. 하지만 완벽해지려면 시간을 들여야 한다는 말 들어봤지? 기다리면 그만큼 보람이 있을 거야. 카놀라 오일을 사놓는 것도 잊지 마. 찬장에 카놀라 오일이 있고 염지를 제대로 하면 아주 맛있는 치킨 와플이 나올 테니까.

4인분

INGREDIENTS

치킨 재료

10조각(날개 2개, 다리 2개, 가로로 2등분한 가슴 2조각, 허벅지 2개)으로 자른 약 1.6kg 닭 1마리

카놀라 오일 960ml

버터밀크 2컵(480ml)

중력분 3컵(420g)

노란 옥수숫가루 ¾컵(105g)

카이엔 페퍼 가루 4작은술

베이킹파우더 ¾작은술

굵게 간 후추 4작은술

소금 3작은술 + 간 맞출 여유분

와플 재료

달걀(대) 2개

녹인 무염 버터 8큰술(스틱 1개 또는 110g) + 곁들여 낼 여유분

버터밀크 2컵(480ml)

퓨어 바닐라 익스트랙트 1작은술

중력분 1과 ¾컵(245g)

그래뉴당 ¼컵(50g)

노란 옥수숫가루 3큰술

베이킹소다 ½작은술

곁들임 메이플 시럽 적당량

✦ 닭 염지는 82쪽 재료와 방법 참조
✦✦ 닭에 튀김옷 입히는 방법은 82쪽 참조

갱스터치킨 와플
06
Chicken and Waffles

HOW TO MAKE

닭 튀기기

1. 큰 무쇠 팬에 카놀라 오일을 넣고 중간 불에서 180도로 가열한다. 접시 위에 철망을 올려놓거나 팬에 키친타월을 깔아서 준비한다.

2. 닭 다리부터 차례로 조심히 뜨거운 기름에 넣되, 한꺼번에 너무 많이 넣으면 기름질 수 있으니 주의한다. 닭을 넣으면 기름 온도가 150~160도 사이로 떨어질 것이다. 지켜보면서 온도가 180도로 유지되도록 불을 조절한다.

3. 닭 다리가 노릇해질 때까지 약 15분간 튀긴다. 닭이 익으면 집게로 꺼내 준비한 철망이나 팬으로 옮겨 기름을 뺀다. 이때 소금을 넉넉히 뿌린다.

4. 가슴살과 허벅지살은 노릇해질 때까지 약 10분간 튀긴다. 이때 색이 너무 진해지면 불을 낮춘다. 다 익으면 철망이나 팬으로 옮기고 소금을 넉넉히 뿌린다.

5. 날개는 노릇해질 때까지 약 8분간 튀긴다. 다 익으면 철망이나 팬으로 옮기고 소금을 넉넉히 뿌린다.

6. 튀긴 닭은 내기 전에 최소 10분쯤 휴지시킨다.

와플 만들기

1. 와플 메이커를 180도로 예열한다.

2. 큰 볼에 밀가루와 그래뉴당, 옥수숫가루, 베이킹소다를 넣고 잘 저어 섞는다. 다른 볼에 달걀을 깨트려 푼 뒤 버터밀크와 바닐라 익스트랙트, 녹인 버터를 넣는다. 마른 혼합물을 액체 혼합물에 조금씩 넣으면서 골고루 섞는다. (반죽이 조금 덩어리질 것이다.)

3. 제조사의 사용 설명서를 참고해 반죽을 와플 메이커에 붓고 노릇해질 때까지 굽는다.

와플 위에 버터를 한 덩어리 얹는다. 튀겨놓은 닭 중에 좋아하는 부위를 올리고 메이플 시럽을 넉넉히 뿌린다.

와인과 함께

FAUX-TISSERIE CHICKEN with VEGETABLES

채소를 곁들인 회전 구이를 흉내 낸 통닭

남을 만큼 넉넉한 2인분

애인을 초대해놓고 동네 마트에서 사 온 회전 구이 통닭을 직접 요리한 척 내놓을 계획이라면 다시 한번 생각해봐. 그런 건 아무도 안 속거든. 하지만 셰프 모자를 쓴 진짜 셰프만이 닭을 **빙글빙글** 돌릴 수 있는 건 아니잖아. 영화 〈워터 보이 The Waterboy〉에서 애덤 샌들러가 자주 하는 대사가 있어. "너도 할 수 있어!" 이 요리를 짠! 하고 내놓으면 애인이 무진장 감동할걸. 엠씨 브리드 MC Breed가 그랬지. **"가짜에게 미래는 없어."** 만고불변의 진리라니까.

INGREDIENTS

내장을 제거하고 씻어서 키친타월로 톡톡 두드려
물기를 뺀 1.8kg 닭 1마리
반으로 자른 손가락 감자✦ 680g
2.5cm 크기로 썬 당근 455g
굵게 썬 노란 양파(소) 1개
마늘 2쪽
올리브 오일 2큰술

말린 타임 ½작은술
마늘 가루 ½작은술
파프리카 가루 ½작은술
양파 가루 ¼작은술
소금 2작은술
굵게 간 후추 ¾작은술

✦ **FINGERLING POTATO**: 손가락만 한 크기의 작고 뭉툭한 감자 품종으로 '핑거링 감자'라고도 한다.

1. 작은 볼에 소금 1작은술, 타임, 마늘 가루, 파프리카 가루, 양파 가루, 후추 ½작은술을 넣고 잘 저어 섞는다. 이 양념을 닭 전체에 골고루 바른 다음 비닐 랩으로 싸서 냉장고에 최소 4시간, 가급적 하룻밤 정도 둔다.

2. 오븐 가운데에 선반을 설치하고 135도로 예열한다.

3. 테두리가 있는 베이킹 팬에 닭을 비닐 랩을 벗겨 올린다. 뱃속에 양파와 마늘을 넣고 요리용 실로 두 다리를 함께 묶는다.

4. 닭 주위 팬 가장자리에 감자와 당근을 놓는다. 올리브 오일을 뿌리고 남은 소금 1작은술과 후추 ¼작은술을 골고루 뿌리고 뒤적여 섞는다.

5. 베이킹 팬을 오븐에 넣고 조리용 온도계를 닭 허벅지에 (뼈에 닿지 않도록) 넣었을 때 75도가 나올 때까지 2시간 30분에서 3시간 동안 익힌다. 그 사이 약 1시간 간격으로 채소를 뒤집고 닭에 육즙을 끼얹는다.

6. 오븐에서 닭과 채소를 꺼내 닭을 서빙용 접시로 옮긴다. 내기 전에 육즙이 골고루 배도록 닭을 최소 10~15분간 실온에 놓아둔다.

7. 닭이 식을 동안 브로일러 바로 아래 선반을 설치하고 브로일러를 최고 온도로 예열한다.

8. 베이킹 팬에 남은 닭기름은 1큰술을 제외하고 버린다. 팬에 있는 채소를 닭기름과 함께 뒤적여 섞는다. 브로일러 아래 넣고 채소가 타지 않도록 잘 지켜보면서 노릇해질 때까지 3~5분간 익힌다.

9. 채소가 뜨거울 때 닭과 함께 낸다.

흰쌀밥을 곁들인, 사실은 자주색에 가까운 오렌지 치킨
Orange Chicken with White Rice

로스앤젤레스에는 동네마다 중국 음식점이 있거든. 우리는 어릴 때부터 그런 곳에 익숙했지. 중국 음식점에서는 프라이드 치킨과 중국 음식을 함께 먹을 수 있었어. 왼쪽에는 루이지애나 치킨이, 오른쪽에는 중국 요리가 있었으니까. 이제 난 세계 각지에 있는 다양한 중국 음식점에서 오렌지 치킨 Orange chicken(달콤한 오렌지 맛 칠리소스를 끼얹은 미국식 중국 요리)을 먹곤 하지. 그럴 때마다 집에서 만들어보려고 어떤 재료가 들어가는지 물어보거든.

4인분
INGREDIENTS

오렌지 소스 재료

꿀 1큰술
참기름 1작은술
오렌지 주스(즙) ¾컵(180ml)
간장 3큰술
스리라차 1큰술
레드 페퍼 플레이크 ½작은술

치킨 재료

뼈와 껍질을 제거하고 2.5cm 크기로 자른 닭 허벅지 또는 가슴살 910g
달걀(대) 2개
카놀라 오일 ½컵(120ml)
옥수수전분 1과 ½컵(210g)
소금 적당량

곁들임 흰쌀밥 적당량
곁들임 참깨 2작은술
곁들임 잘게 썬 쪽파 2개

HOW TO MAKE

오렌지 소스 만들기

작은 편수 냄비를 중간 불에 올리고 오렌지 주스와 간장, 스리라차, 꿀, 참기름, 레드 페퍼 플레이크를 넣어 휘젓는다. 뭉근히 끓이면서 걸쭉해질 때까지 6~7분 가열하고 불에서 내려 한쪽에 둔다.

치킨 만들기

1. 큰 볼에 달걀을 깨서 풀어둔다. 그 옆에 다른 큰 볼을 놓고 옥수수전분을 붓는다.

2. 달걀물이 담긴 볼에 닭을 넣고 달걀물이 골고루 묻도록 뒤적인다. 뜰채로 닭을 건지고 여분의 달걀물을 털어낸다. 닭을 옥수수전분에 넣고 뒤적여 골고루 묻힌 뒤 여분의 가루를 털어 한쪽에 둔다.

3. 접시에 키친타월을 깔아둔다. 큰 팬에 카놀라 오일을 넣고 중강 불에 올려 가열한다. 팬을 휘휘 흔들어 팬 바닥 전체를 기름칠한다.

4. 팬이 달궈지면 뜨거운 기름에 닭을 조심해서 올린다. 노릇하고 바삭해질 때까지 한쪽에 3~4분씩 익힌다. 익힌 닭을 준비한 접시로 옮기고 소금으로 간한다. 남은 기름을 버리고 키친타월로 팬을 한 번 닦아낸다.

5. 익힌 닭을 다시 팬에 올린다. 닭 위에 오렌지 소스를 붓고 소스가 골고루 묻도록 휘적인 뒤 소스까지 골고루 데워지도록 2~3분 가열한다.

6. 흰쌀밥 위에 닭과 오렌지 소스를 얹고 참깨와 쪽파로 장식한다.

으깬 고구마와 시금치를 곁들인 돼지갈비
Pork Chop Shop with Sweet Potato Mash and Spinach

추억의 음식을 좋아한다면 배를 뜨끈하게 해주는 이 든든한 요리를 그냥 지나칠 수 없을 거야. 우린 차별하지 않거든. 나는 기름기가 적고 담백한 돼지갈비를 좋아하지만 이 요리는 크고 두툼하며 육즙이 풍부한 시골 스타일 돼지갈비로 만들어야 해. 제대로 된 고기만 준비하면 캔자스시티 스타일 바비큐 소스를 곁들이든 직접 만든 소스를 곁들이든 상관없어. 눈 깜짝할 사이에 깨끗이 발린 뼈만 수두룩할 테니까 말이야.

4인분

INGREDIENTS

으깬 고구마 재료

껍질을 벗겨 2.5cm 크기로 자른 고구마(중) 4개

껍질 벗긴 마늘 4쪽

실온 상태의 무염 버터 5큰술 (70g)

소금 약간

굵게 간 후추 약간

돼지갈비 재료

약 2.5cm 두께의 뼈 있는 돼지갈비 4대(약 455g)

올리브 오일 2큰술

스위트 파프리카 가루 2작은술

카이엔 페퍼 가루 ½작은술

소금 약간

굵게 간 후추 약간

바비큐 소스 재료

살구잼 ½컵(150g)

케첩 ¼컵(65g)

우스터소스 2큰술

옐로 머스터드 2큰술

애플 사이다 비네거 2큰술

레드 페퍼 플레이크 ½작은술

시금치 재료

신선한 어린 시금치잎 8컵(160g)

레몬 1개

올리브 오일 1큰술

소금 적당량

HOW TO MAKE

으깬 고구마 만들기

큰 편수 냄비에 고구마와 마늘을 넣은 뒤 물을 붓고 센 불에서 한소끔 끓인다. 뚜껑을 덮고 고구마를 포크로 찔러서 잘 들어갈 때까지 16~20분간 익힌다.

돼지갈비 만들기

1. 고구마를 삶는 동안 돼지갈비 위에 파프리카 가루와 카이엔 페퍼 가루를 골고루 뿌린다. 소금과 후추로 간한다.

2. 큰 팬에 올리브 오일 1큰술을 두르고 중강 불에서 가열한다. 이때 팬을 휘휘 흔들어 바닥을 완전히 덮게 한다. 팬이 달궈지면 돼지갈비 2대를 넣고 노릇해질 때까지 약 4분간 익힌다. 뒤집어서 반대편도 노릇해질 때까지 4분 더 익힌다. 팬에서 꺼내 접시에 옮겨 담고 식지 않도록 쿠킹 포일을 느슨하게 덮어놓는다. 팬을 다시 불에 올리고 남은 올리브 오일 1큰술을 둘러 가열한다. 남은 돼지갈비 2대도 같은 방식으로 조리한다.

바비큐 소스 만들기

1. 돼지갈비가 익는 동안 작은 볼에 살구잼과 케첩, 우스터 소스, 머스터드, 애플 사이다 비네거, 레드 페퍼 플레이크를 넣고 잘 섞는다.

2. 먼저 익힌 돼지갈비 2대를 다시 팬에 올리고 그 위에 소스를 붓는다. 소스가 되직해지는 동안 돼지갈비를 뒤집어 소스가 골고루 묻고 고기가 완전히 익을 때까지 약 2분간 가열한다. 팬을 불에서 내리고 돼지갈비는 소스에 담긴 채로 둔다.

으깬 고구마 마무리하기

고구마와 마늘을 체로 건져 물기를 뺀 뒤 큰 볼로 옮긴다. 이때 냄비는 그대로 둔다. 고구마에 버터를 넣고 덩어리가 없도록 매끈하게 으깬다. 소금과 후추로 간한다.

시금치 조리하기

1. 고구마 삶은 냄비의 물기를 키친타월로 닦아낸다.

2. 팬에 올리브 오일을 두르고 중강 불에서 1분 동안 가열한다.

3. 시금치를 넣고 살짝 숨이 죽을 때까지 약 1분 동안 휘적이며 익힌다.

4. 그레이터를 사용해 레몬 제스트 ½개 분량을 시금치 위에 갈아 넣고 레몬을 반으로 잘라 즙을 짜 넣는다. 소금으로 간하고 잘 섞으면서 30초 더 익힌 뒤 불에서 내린다.

으깬 고구마를 서빙용 접시 4개에 나눠 담고 그 위에 돼지갈비와 바비큐 소스를 얹는다. 시금치를 돼지갈비와 고구마 옆에 담아서 뜨거울 때 낸다.

말랑한 타코
Tha Soft Touch Tacos

이 독파더는 거칠고 강한 사람이잖아. 내게 물렀다고 하는 사람은 아무도 없을걸. 그런데 말랑한 타코가 웬 말이냐고? 그건 얘기가 달라. 바삭한 타코도 좋지만 밀가루나 옥수숫가루로 만든 부드러운 토르티야에 미 농무부가 승인한 최고급 간 소고기를 듬뿍 올린 이 타코는 따라올 자가 없거든. 하지만 말랑한 건 이 타코 하나로 충분해. 필요할 땐 언제든 세게 나갈 것!

4인분

INGREDIENTS

소 재료

옥수수 토르티야 8장
간 소고기 455g
잘게 썬 양파(중) 1개
잘게 썬 마늘 3쪽 분량
식물성 기름 2큰술
칠리 파우더 1작은술
커민 가루 1작은술
소금 1작은술

토핑 재료

채 썬 양상추 1컵(45g)
껍질과 씨를 제거하고 잘게 썬 아보카도 1개
4등분한 방울 토마토 8개
잘게 썬 할라페뇨 고추 적당량
장식으로 얹을 라임과 신선한 고수, 잘게 썬 쪽파 적당량
슈레드 체더치즈 1컵(80g)
곁들여 낼 핫소스 약간

HOW TO MAKE
타코 속 만들기

1. 큰 팬에 식물성 기름을 두르고 중강 불에 올려 가열한다. 팬을 휘휘 돌려 기름이 팬 바닥을 완전히 덮게 한 뒤 달궈지면 양파를 넣는다. 가끔 저으면서 양파가 무를 때까지 4~5분간 익힌다. 마늘을 넣고 1~2분 더 익힌다.

2. 간 소고기와 소금, 칠리 파우더, 커민 가루를 넣는다. 고기가 풀어지도록 자주 뒤적이며 고기가 완전히 갈색이 될 때까지 6~7분간 익힌다. 맛을 보고 간을 맞춘다. 고기를 건져내 큰 볼로 옮기고 뚜껑을 덮어 한쪽에 둔다. 팬에 남은 기름은 버린다.

3. 토르티야를 굽기 위해 가스레인지 불 세기를 가장 약하게 조절한다. 토르티야 한 장을 불 위에 바로 올리고 아랫면이 살짝 바삭하게 그슬릴 때까지 약 45초간 굽는다. 집게로 토르티야를 뒤집은 뒤 타지 않도록 잘 지켜본다. 불에 구운 토르티야를 접시에 놓고 식지 않도록 덮어놓는다. 남은 토르티야도 같은 방법으로 굽는다.

타코 만들기

구운 토르티야 위에 양념해 구운 소고기와 치즈, 양상추, 방울 토마토, 아보카도, 할라페뇨를 얹는다. 라임과 고수, 쪽파, 핫소스를 고명으로 얹어 따뜻할 때 낸다.

불맛 나는 필레 미뇽
Seared Filet Mignon

이번엔 내가 가장 좋아하는 요리 중 하나를 공개할게. 만들기 간단하고 전형적인 남자의 음식, 바로 필레미뇽(소의 안심 가운데 가장 부드러운 끝부분)이야. 두둥! 단맛은 전혀 없고 오로지 고기뿐인 요리. 난 뉴욕 W 호텔에 묵을 때마다 꼭 이 필레 미뇽을 몇 번 주문하는데, 그것을 조금 변형해서 '스눕식' 레시피를 만들었어.

하지만 만들기 전에 발음부터 익혀둬. 마치 이런 요리를 많이 먹어본 사람처럼.

4인분

INGREDIENTS

두께 약 7.5cm의 필레미뇽 스테이크 4조각(1조각당 280g)
잘게 썬 넓은 파슬리잎 1큰술
무염 버터 2큰술 + 곁들임 여유분
카놀라 오일 또는 땅콩 기름 1큰술
검은 통후추 1큰술
흰 통후추 1큰술
천일염 1큰술

HOW TO MAKE

1. 통후추를 모두 그라인더나 푸드 프로세서로 굵게 갈거나, 깨끗한 행주에 통후추를 싸서 무거운 팬으로 으깬 뒤 접시에 담는다.

2. 스테이크 고기 양면을 모두 소금으로 간하고 접시 위에 올려 양면에 으깬 후추를 골고루 묻힌 뒤 한쪽에 둔다.

3. 큰 무쇠 팬에 기름과 버터를 올리고 중강 불에서 녹인다. 팬을 휘휘 흔들어 바닥 전체를 기름칠한다.

4. 팬이 달궈지고 기포가 가라앉으면 스테이크를 넣는다. 미디엄 레어를 원한다면 겉면이 짙은 갈색이 될 때까지 한 면에 약 4분씩 굽는다. 미디엄을 원한다면 한 면에 2분씩 더 굽는다.

5. 팬을 불에서 내리고 스테이크 위에 쿠킹 포일을 느슨하게 띄워 덮어 5분 동안 휴지시킨다. 포일을 벗긴 뒤 스테이크 위에 버터를 넉넉히 얹고 잘게 썬 파슬리를 뿌려 낸다.

돌아와 베이비 백 립
Baby Got Back Ribs

캘리포니아에 여름이 온 걸 알리는 가장 확실한 신호는 그릴 위에서 지글거리는 등갈비가 아닐까? 그건 이미 모르는 사람이 없지! 닥터 드레의 〈Nuthin' But A "G" Thang〉 뮤직비디오에서도 나랑 닥터 드레뿐 아니라 많은 친구들이 그릴이 활활 타오르는 공원에서 춤을 추잖아. 아이스 큐브와 쿠바 구딩 주니어 Cuba Gooding Jr.가 출연한 멋진 영화 〈보이즈 앤 더 후드 Boyz n the Hood〉에도 생생한 바비큐 장면이 나오고. 하지만 캘리포니아 주민만 이 책을 보는 건 아닐 테니까 뒷마당의 바비큐 파티를 주방에서 즐기는 방법을 보여줄게. 천천히 익혀야 한다는 점만 기억하면 돼. 아, 그리고 빵은 꼭 흰 빵으로 준비할 것!

6인분

INGREDIENTS

돼지 베이비 백 립 2대(약 2.1kg)

바비큐 소스(시판 라오스Rao's 소스 또는 92쪽 참조) 1과 ½컵(430g)

공간이 생기지 않도록 단단히 눌러 계량한 황설탕 ¾컵(150g)

파프리카 가루 1큰술

마늘 가루 1큰술

카이엔 페퍼 가루 1작은술

소금 1작은술

굵게 간 후추 1작은술

HOW TO MAKE

1. 오븐 가운데에 선반을 설치하고 150도로 예열한다. 베이킹 팬에 쿠킹 포일을 두 겹으로 깐다.

2. 작은 볼에 황설탕과 파프리카 가루, 마늘 가루, 후추, 소금, 카이엔 페퍼 가루를 넣고 잘 섞어 양념을 만든다. 등갈비 양면에 양념을 골고루 바르고 1대씩 쿠킹 포일로 감싸 준비해둔 베이킹 팬에 겹치지 않게 올린다.

3. 팬을 오븐에 넣고 1시간 30분에서 2시간 동안 굽되, 1시간 30분이 되었을 때 익었는지 확인해본다. 고기가 부드럽고 뼈에서 잘 떨어지면 다 익은 것이다. 오븐에서 익은 등갈비를 꺼내고 팬에 남은 육즙은 조심해서 버린다. 등갈비는 포일에 싼 채로 놓아둔다.

4. 브로일러 바로 아래 선반을 설치하고 브로일러를 최고 온도로 예열한다.

5. 등갈비의 포일을 벗기고 윗면에 바비큐 소스를 두툼하게 바른다. 등갈비를 브로일러 아래 넣고 진한 갈색이 될 때까지 약 10분간 굽는다.

6. 등갈비를 꺼내 윗면을 덮은 채로 10분간 휴지시킨다. 한 조각에 뼈가 2개씩 들어가도록 자른다. 따뜻할 때 남은 바비큐 소스를 옆에 곁들이고 흰 빵과 함께 냅킨을 넉넉히 준비해서 낸다.

걸쭉한 남부 검보✦

Dirty South Gumbo

맛있는 검보의 비결은 이것 조금 저것 조금 적당히 섞는 거야. 없는 재료가 있다면 과감히 다른 걸로 대체해봐. '프리스타일'로 조합해보는 거지. 하지만 완벽하게 어우러지는 조합을 원한다면 독의 방법을 그대로 따라할 것. 이 독은 갱스터 랩을 할 때나, 여자를 꼬실 때나, 아이들을 밀어붙이는 코치 스눕 노릇을 할 때나, 게임 프로그램에서 돈을 줄 때나, 마사 스튜어트와 요리를 할 때나 모든 걸 맛깔나게 만들잖아. 안 그래? 그러니까 잘 듣고 좋은 재료를 듬뿍 넣어 끓여보길. 입에서 맛있으면 어쨌든 좋은 거니까!

6~8인분

INGREDIENTS

뼈와 껍질을 제거한 닭 허벅지 1.8kg

원형으로 얇게 슬라이스한 킬바사✦✦ 또는 앙두유✦✦✦ 소시지 680g

잘게 썬 노란 양파(대) 1개

잘게 썬 빨간 파프리카 2개

굵게 썬 셀러리 4줄기

껍질 벗긴 마늘 4쪽

잘게 썬 쪽파 1다발 + 곁들임 여유분

곱게 다진 신선한 파슬리잎 ⅓컵 (15g)

월계수 잎 2장

식물성 기름 1컵(240ml)

닭 육수 8컵(2L)

루이지애나 핫소스 ¼컵(60ml) + 곁들임 여유분

중력분 1컵(140g)

크리올 시즈닝 1큰술

소금 2작은술

곁들임 흰쌀밥

✦ 미국 남부 요리의 일종으로, 오크라와 닭고기 또는 해산물을 넣어 오랫동안 끓이는 스튜

✦✦ **KIELBASA**: 돼지고기나 소고기, 또는 두 가지를 섞고 마늘이나 후추 등의 향신료를 첨가한 폴란드 전통 소시지

✦✦✦ **ANDOUILLE**: 굵게 간 돼지고기에 통후추와 마늘 등을 넣어 매콤하게 만든 프랑스 소시지

SNOOP DOGG

HOW TO MAKE

1. 닭을 크리올 시즈닝과 소금 1작은술로 밑간한 뒤 실온 상태가 되도록 한쪽에 놓아둔다.

2. 큰 무쇠 팬에 식물성 기름 2큰술을 두르고 중간 불에서 가열한다. 닭을 한쪽에 몰리지 않도록 조금씩 넣고 가끔 뒤집어가며 전체가 노릇해질 때까지 4~5분 굽는다. 익은 닭은 접시로 옮긴다.

3. 중약 불로 낮추고 남은 식물성 기름을 무쇠 팬에 넣어 몇 분간 가열한다.

4. 밀가루를 넣고 루가 되도록 잘 저으면서 짙은 갈색이 될 때까지 25~30분 뭉근히 끓인다. 루가 타거나 눌어붙으면 검보 맛을 해칠 테니(그럼 너무도 애석한 일이니) 주의해야 한다.

5. 루가 끓는 동안 푸드 프로세서에 노란 양파와 빨간 파프리카, 셀러리, 마늘을 넣고 간다. 순간 작동(pulse) 기능을 사용해 아주 곱게 다진다.

6. 루가 짙은 갈색이 되면 곱게 다진 채소 혼합물을 넣고 잘 저어 섞는다. 채소가 무르고 혼합물이 걸쭉해질 때까지 3~4분간 익힌 뒤 닭 육수를 넣고 다시 잘 섞어 센 불로 올려 한소끔 끓인다. 불을 조절해 뭉근히 끓이면서 바닥에 눌어붙은 게 있다면 긁어낸다.

7. 남은 소금 1작은술과 소시지, 월계수 잎, 익힌 닭을 넣고 잘 젓는다. 냄비 뚜껑을 덮고 검보를 1시간 동안 뭉근히 끓인다. 이때 표면으로 뜨는 거품은 모두 걷어낸다.

8. 닭을 도마로 옮기고 포크 두 개를 사용해 살코기를 가늘게 찢는다. 찢은 닭고기를 다시 팬에 넣고 파슬리와 쪽파, 핫소스를 같이 넣는다. 뚜껑을 연 채로 15분간 약불에서 뭉근히 익힌다. 맛을 보고 소금으로 간한다. 월계수 잎은 꺼내서 버린다.

9. 뜨거운 검보를 밥 위에 부은 뒤 쪽파를 얹어 장식하고 핫소스를 곁들여 낸다.

CHAPTER 4

Dessert
디저트

맛있어져라 바나나 푸딩 Hey Auntie Banana Puddn' 105

롤스로이스 땅콩버터 초콜릿 칩 쿠키 Rolls Royce PB–Chocolate Chip Cookies 108

아이스크림을 곁들인 바우 와우 브라우니 Bow Wow Brownies and Ice Cream 110

버터밀크 파운드케이크 케이크 케이크 케이크 Buttermiziilk Pound Cake Cake Cake Cake 112

인생 역전 애플파이 Rags to Riches Apple Pie 114

추억의 스모어 파이 Gimme S'mores Pie 118

선수의 딸기 Dipped and Whipped Strawberries 120

진짜 축하해 생일 케이크 Go Shorty, It's Your Birthday Cake 122

고생 끝에 낙 초콜릿 치즈케이크 Hustle Hard Chocolate Cheesecake 126

모르는 사람은 모르는 사실 하나,

스눕 독은 단것도 좋아해. 내가 즐기는 "보약" 때문일 수도 있지만 어쨌든 단 건 꼭 밤늦은 시간에 당기더라. 그럴 때면 살그머니 냉장고로 가서 남은 파이 한 조각이나 수제 쿠키 하나를 집어 먹곤 하지. 이 보스 독처럼 열정적으로 사는 사람은 가끔 단것을 먹어줘야 힘이 나거든. 여기서 소개하는 디저트들은 초콜릿이나 아이싱, 마시멜로를 아끼지 않고 넣었어. 그러니 맛있을 수밖에. 가끔은 유혹을 참지 말고 몇 개쯤 즐겨도 괜찮아.

맛있어져라 바나나 푸딩
Hey Auntie Banana Puddn'

과일은 맛이 없다고 누가 그래? 바나나를 그냥 먹으면 밋밋하겠지. 하지만 나처럼 바나나 푸딩으로 만들면 끝내주는 맛이 난다니까.

4~6인분

INGREDIENTS

바나나 푸딩 재료

바나나(중) 4개

가볍게 푼 달걀(대) 1개

우유(전유) 2컵(480ml)

생크림 1과 ¼컵(330ml)

퓨어 바닐라 익스트랙트 1큰술

그래뉴당 1컵(200g)

옥수수전분 ¼컵(35g)

소금 ¾작은술

닐라Nilla 웨이퍼 또는 작은 바닐라 쿠키 ½상자(155g)

럼 휘핑크림 재료

생크림 1컵(240ml)

다크 럼 3큰술(선택)

퓨어 바닐라 익스트랙트 ½작은술

슈거 파우더 2큰술

HOW TO MAKE

바나나 푸딩 만들기

1. 중간 크기 편수 냄비에 그래뉴당과 옥수수전분, 소금을 넣고 잘 섞는다. 우유와 생크림을 넣고 다시 잘 저어 섞는다.

2. 달걀물을 넣고 냄비를 중강 불에 올린다. 계속 저으면서 혼합물이 걸쭉해지고 표면에 기포가 터질 때까지 끓인다. 중간 불로 줄이고 45초 동안 힘차게 저은 뒤 팬을 불에서 내린다.

3. 내열 용기 위에 고운체를 놓고 혼합물을 체에 내린다. 바닐라 익스트랙트를 넣고 잘 섞은 뒤 표면 위에 바로 비닐 랩을 덮는다. 중간에 랩을 들어 이따금 저어주며 차가워질 때까지 2~4시간 냉장고에서 식힌다.

4. 차가워진 푸딩을 잘 저어 풀어준다. 바나나 2개를 깍둑썰기해서 차가운 푸딩에 넣는다. 남은 바나나 2개는 원형으로 슬라이스하고 그중 일부를 컵에 하나씩 쓸 장식용으로 빼둔다.

5. 푸딩 1~2큰술을 180ml 들이 유리잔 맨 아래 넣는다. 슬라이스한 바나나를 한 층 얹고 그 위에 바닐라 웨이퍼를 한 층 얹는다. 웨이퍼가 한 층을 이루도록 필요하다면 부러뜨려 넣는다. 잔이 다 찰 때까지 같은 순서로 반복해 쌓는다. 남은 재료로 다른 잔 역시 같은 방법으로 채운다. 완성한 푸딩은 냉장고에 적어도 4시간 넣어둔다.

럼 휘핑크림

1. 스탠드 믹서 용기와 거품기 부속 또는 중간 크기의 금속 볼과 핸드 믹서의 거품기 부속을 냉장고에 15분쯤 넣어 차게 식힌다.

2. 차가워진 용기와 믹서 부속을 냉장고에서 꺼낸다. 용기에 생크림을 붓고 걸쭉해질 때까지 믹서를 중속으로 돌린다.

3. 슈거 파우더와 럼(사용하는 경우), 바닐라 익스트랙트를 첨가하고 나지막한 뿔이 설 때까지 믹서를 다시 중고속으로 돌려 휘핑크림을 만든다. 푸딩 위에 휘핑크림을 조금씩 얹고 맨 위에 장식으로 슬라이스한 바나나 한 조각을 얹어 바로 낸다.

4. 이 푸딩은 비닐 랩을 씌워 냉장고에서 하루쯤 보관할 수 있지만 그날 바로 먹는 게 베스트다.

롤스로이스 땅콩버터 초콜릿 칩 쿠키
Rolls Royce PB-Chocolate Chip Cookies

내 친구 버너(Berner, 미국 래퍼이자 '쿠키Cookies'라는 고급 대마 회사를 경영하는 기업가)가 지상 최고의 쿠키를 판매하는 건 다들 알고 있지? 하지만 그건 먹는 쿠키가 아니라 피우는 쿠키긴 하잖아. 초콜릿 칩이나 땅콩버터가 든 진짜 쿠키를 찾고 있다면 이 롤스로이스 쿠키로 황홀한 기분을 느껴보도록.

36개 분량

INGREDIENTS

달걀(대) 1개

덜 단 초콜릿 칩(세미스위트 초콜릿 모슬semisweet chocolate morsels) 2컵(360g)

실온 상태의 무염 버터 16큰술(220g)

알갱이 없는 땅콩버터 ½컵(130g)

퓨어 바닐라 익스트랙트 1작은술

중력분 1과 ½컵(210g)

베이킹소다 1작은술

공간이 생기지 않도록 단단히 눌러 계량한 황설탕 ½컵(100g)

그래뉴당 ½컵(100g)

소금 ½작은술

HOW TO MAKE

1. 오븐의 상단 ⅓ 부분과 하단 ⅓ 부분에 선반을 하나씩 설치하고 오븐을 190도로 예열한다. 베이킹 팬 두 개에 유산지를 깔아놓는다.

2. 작은 볼에 밀가루와 베이킹소다, 소금을 넣고 잘 저어 섞는다.

3. 큰 볼에 버터와 땅콩버터, 황설탕, 그래뉴당을 넣고 섞는다. 핸드믹서를 중속으로 돌리거나 나무 주걱으로 덩어리 없이 매끈하게 섞일 때까지 힘주어 젓는다.

4. 달걀을 깨트려 넣고 바닐라 익스트랙트를 추가해 잘 섞는다.

5. 밀가루 혼합물을 조금씩 넣어가며 휘저어 잘 섞고 초콜릿 칩을 넣어 다시 섞는다. 준비해둔 베이킹 팬에 숟가락을 사용해 반죽을 약 5cm 간격으로 둥글게 올린다.

6. 오븐 위쪽 선반과 아래쪽 선반에 팬을 하나씩 넣고 8~10분 구우면서 골고루 익도록 중간에 팬을 180도 돌리고 위아래 자리도 바꿔준다.

7. 쿠키를 오븐에서 꺼내 팬에 그대로 두고 5분쯤 한 김 식혔다가 쿠키를 철망으로 옮겨 완전히 식힌다.

8. 식은 쿠키는 밀폐용기나 지퍼백에 넣어 실온에서 최대 3일까지 보관할 수 있다.

아이스크림을 곁들인 바우 와우 브라우니
Bow Wow Brownies and Ice Cream

내 최고의 레시피는 바우 와우 브라우니야. 적당히 굽는 게 핵심이지. 나는 이걸 업그레이드하고 싶을 때 비밀의 재료를 넣기도 해. 이 스눕만의 약초와 향신료가 '킥'이 되거든. 오븐에서 꺼낼 때부터 향긋한 냄새가 퍼지고 두어 입 먹으면 천상에 있는 기분이 든다니까. 이것만으로도 이 책을 산 게 아깝지 않을걸. 뭘 기다려? 빨리 취해, 아니, 구워보자고!

6인분

INGREDIENTS

달걀(대) 2개

밀크초콜릿 칩 2와 ½컵(450g)

무염 버터 3큰술 + 틀에 바를 여유분

우유(전유) 2큰술

퓨어 바닐라 익스트랙트 ½작은술

중력분 ⅔컵(90g)

베이킹소다 ¼작은술

소금 ½작은술

그래뉴당 ½컵(100g)

곁들임 좋아하는 바닐라 아이스크림 적당량

곁들임 초콜릿 소스 적당량

HOW TO MAKE

1. 오븐 가운데에 선반을 설치하고 오븐을 165도로 예열한다. 20x20cm 사각 베이킹 팬에 미리 버터를 발라 준비한다.

2. 작은 볼에 밀가루와 베이킹소다, 소금을 넣고 섞어 한쪽에 놓아둔다.

3. 중간 크기 편수 냄비를 중간 불에 올리고 그래뉴당과 버터, 우유를 넣고 섞은 뒤 한소끔 끓인다. 팬을 불에서 내리고 초콜릿 칩 1과 ½컵(270g)을 넣어 초콜릿이 매끈하게 녹을 때까지 젓는다.

4. 달걀을 깨트려 넣고 바닐라 익스트랙트를 추가해 매끈하게 섞일 때까지 젓는다.

5. 밀가루 혼합물을 초콜릿에 조금씩 넣어가며 잘 섞어 반죽을 만든다.

6. 준비한 팬에 반죽을 고르게 펼친 다음 남은 초콜릿 칩 1컵(180g)을 반죽 위에 흩뿌린다.

7. 팬을 오븐에 넣어 브라우니의 모양이 잡히고 가장자리가 바싹 구워진 형태가 될 때까지 25~30분 익히면서 골고루 익도록 중간에 팬을 180도 돌려준다.

8. 오븐에서 브라우니를 꺼내 팬에 그대로 둔 채 철망 위에 놓고 식힌다.

9. 브라우니를 6개의 큰 사각형으로 자른 뒤 기호에 따라 바닐라 아이스크림과 초콜릿 소스를 얹어 낸다.

버터밀크 파운드케이크 케이크 케이크 케이크
Buttermiziilk Pound Cake Cake Cake Cake

예쁘고 통통한 파운드케이크(여자를 저급하게 일컫는 속어로도 쓰임)만큼 유혹적인 게 있을까?! 아니, 어젯밤 클럽에서 만난 뒤태 미녀 말고. 입에서 살살 녹고 돌아서면 또 생각나는 폭신한 버터밀크 파운드케이크 말이야. 끝내주는 디저트지!

6~8인분

INGREDIENTS

달걀(대) 2개

달걀노른자 1개

실온 상태의 무염 버터 10큰술 (150g)

버터밀크 ⅔컵(160ml)

퓨어 바닐라 익스트랙트 1과 ½ 작은술

중력분 1과 ½컵(210g)

베이킹파우더 1작은술

그래뉴당 1컵(200g)

소금 ½작은술

곁들임 휘핑크림 1덩이, 신선한 딸기 1줌

HOW TO MAKE

1. 오븐 가운데에 선반을 설치하고 오븐을 180도로 예열한다. 23x12x7.5cm 빵틀에 스프레이형 식용유를 뿌리거나 실온에 두어 부드러워진 버터를 바른다. 빵틀의 바닥과 짧은 양쪽 옆면에 유산지를 길게 깔아 가장자리를 넘어가게 한 뒤 다시 스프레이를 뿌리거나 버터를 바른다. 빵틀에 밀가루를 살짝 뿌리고 여분을 털어낸 뒤 한쪽에 둔다.

2. 중간 크기 볼에 밀가루와 베이킹파우더, 소금을 넣고 섞어 한쪽에 둔다.

3. 스탠드 믹서에 패들 부속을 끼워 사용하거나 큰 볼과 핸드믹서를 사용해 버터와 그래뉴당을 중고속으로 최소 5분 동안 섞어 가볍고 폭신한 크림을 만든다. 필요하다면 중간에 고무 주걱으로 볼 옆면에 묻은 혼합물을 긁어내린다.

4. 믹서를 중속으로 돌리면서 달걀과 달걀노른자를 차례로 넣은 뒤 1분씩 돌린다. 고무 주걱으로 볼 옆면에 묻은 내용물을 긁어내리고 바닐라 익스트랙트를 첨가해 적당히 혼합될 때까지 돌린다.

5. 믹서를 저속으로 돌리면서 밀가루 혼합물을 세 번에 나눠 넣고 사이사이에 버터밀크를 넣는다. 단, 밀가루 혼합물로 시작해 밀가루 혼합물로 끝낸다. 필요하다면 중간중간 고무 주걱으로 볼 옆면을 긁어내린다. 밀가루가 완전히 섞이지 않고 군데군데 조금씩 남아 있는 상태에서 믹서를 끄고 마지막에는 손으로 재료를 잘 섞는다. 준비한 빵틀에 반죽을 넣고 윗면을 매끈하게 다진다.

6. 빵틀을 오븐에 넣고 55~60분 구우면서 골고루 익도록 중간에 빵틀을 180도 돌려준다. 이쑤시개로 가운데를 찔렀을 때 촉촉한 부스러기가 살짝 묻어나면 다 익은 것이다. 오븐에서 팬을 꺼내 손으로 만질 수 있을 만큼 10~15분간 한 김 식힌다. 팬에서 파운드케이크를 꺼내 철망에 놓고 완전히 식힌다.

7. 너무 달지 않은 휘핑크림을 신선한 딸기와 함께 곁들여 낸다.

응용 팁

기본 레시피도 이미 특별하지만 라즈베리를 첨가하면 더 특별해질 거야. 먼저, 신선한 라즈베리 1과 ½컵(180g)과 그래뉴당 ¼컵(50g)을 푸드 프로세서나 블렌더에 넣고 퓌레를 만들어. 파운드케이크 반죽의 절반을 준비해둔 팬에 붓고 그 위에 라즈베리 퓌레 절반을 펴 발라. 그 위에 남은 반죽 절반을 붓고 나머지 퓌레 절반을 또 발라. 그리고 긴 나무 꼬치를 케이크 바닥까지 찔러 넣고 휘저어서 케이크와 퓌레에 모두 소용돌이무늬를 만들면 끝! 깔끔하고 달콤한 방법이지.

인생 역전 애플파이
Rags to Riches Apple Pie

무일푼에서 큰 부자가 된 이 빅 스눕 독의 이야기만큼 미국적인 것이 있을까? 그래, 바로 내 얘기야. 하지만 이 애플파이라면 경쟁상대가 될지도 모르지. 이걸 손님들에게 내준다면 내 얘기도 잊지 말고 들려줄 것!

8인분

INGREDIENTS

파이 크러스트 재료

차가운 무염 버터 8큰술(110g)

차가운 베지터블 쇼트닝 ½컵(90g)

중력분 2와 ½컵(350g) + 작업대에 뿌릴 여유분

그래뉴당 2큰술

베이킹파우더 ½작은술

소금 1작은술

파이 소 재료

그래니 스미스 사과✦ 910g(중간 크기 10개)

깍둑썰기한 무염 버터 3큰술

갓 짠 레몬 즙 ¼컵(60ml)

그래뉴당 6큰술(80g)

옥수수전분 2큰술

시나몬 파우더 1과 ½작은술

소금 ¼작은술

달걀물 재료

달걀(대) 1개

소금 ¼작은술

가니시용 터비나도 설탕✦✦ (선택)

✦ **GRANNY SMITH**: 단단하고 즙이 많으며 신맛이 나는 호주산 연녹색 사과 품종

✦✦ **TURBINADO SUGAR**: 결정이 크고 황금빛을 띠는 비정제원당의 일종

HOW TO MAKE

파이 크러스트 만들기

1. 푸드 프로세서에 밀가루와 그래뉴당, 베이킹파우더, 소금을 넣고 잠깐 돌려 섞는다.

2. 버터와 쇼트닝을 깍둑 썰기해서 푸드 프로세서에 넣는다. 순간 작동(pulse) 기능으로 돌려 거친 곡물가루 같은 형태로 만든다. 이 혼합물을 큰 볼에 붓는다.

3. 볼에 물 약 6큰술(90ml)을 조금씩 넣으며 나무 주걱이나 손으로 섞는다(상태를 봐서 다 넣지 않아도 된다). 반죽을 조금 떼어 손가락 두 개로 꼬집었을 때 형태가 유지되어야 한다. 볼 안에서 두 손으로 반죽을 치대며 바스러지는 부스러기를 최대한 뭉친다. 반죽을 반으로 나누어 각각 비닐 랩에 싼 뒤 냉장고에 최소 2시간, 가급적 하룻밤 동안 넣어둔다.

사과 소 만들기

1. 사과 껍질을 벗겨 6mm 두께의 웨지 모양으로 썬다. 웨지 모양 조각을 가로로 반 잘라 큰 볼에 넣는다. 레몬즙을 넣고 사과에 골고루 묻도록 휘적인다.

2. 설탕과 옥수수전분, 시나몬 파우더, 소금을 넣고 손이나 나무 주걱으로 재료들을 뒤적여 잘 섞은 뒤 한쪽에 둔다.

파이 크러스트 마무리 및 파이 만들기

1. 밀가루를 살짝 뿌린 작업대에 반죽 한 덩어리를 올린다. 반죽을 밀대로 밀어 23cm 파이 팬의 바닥보다 조금 더 큰 원형을 만든다. 이 크러스트를 팬으로 옮기고 살살 안으로 누른다.

2. 크러스트 위에 사과 소를 올리고 깍둑썰기한 버터를 소 위에 듬성듬성 올린다.

3. 나머지 반죽도 밀대로 밀어 첫 번째 반죽보다 조금 더 큰 원형으로 만든다. 이 반죽을 소 위에 덮은 뒤 가장자리에 장식으로 주름 모양을 잡는다. 위쪽 크러스트에는 굽는 동안 공기가 배출되도록 두 줄의 틈을 낸다.

달걀물 만들기

1. 작은 볼에 달걀을 깨뜨려 넣고 소금을 넣어 잘 섞는다. 파이 크러스트 위에 달걀물을 바른다.

2. 크러스트 위에 터비나도 설탕을 뿌리고 냉동실에 넣어 1시간 둔다.

파이 마무리하기

1. 오븐 가운데에 선반을 설치하고 오븐을 220도로 예열한다.

2. 냉동실에 넣어둔 파이를 꺼내 베이킹 팬 위에 놓는다. 팬을 오븐에 넣고 50~60분 구우며 파이가 골고루 익도록 중간에 한 번 180도 돌려준다. 윗면이 노릇한 갈색이 되고 공기구멍 사이로 소가 부글거리면 다 익은 것이다. 소가 부글거리기 전에 크러스트가 갈색이 되었다면 파이 위에 쿠킹 포일을 띄워 덮는다.

3. 오븐에서 파이를 꺼내 즙과 소가 안정되도록 최소 1시간 이상 휴지시킨다.

4. 기호에 따라 바닐라 아이스크림을 곁들여 낸다. 파이는 비닐 랩을 가볍게 씌우면 상온에서 최대 3일 보관할 수 있다.

추억의 스모어 파이
Gimme S'mores Pie

난 보이 스카우트 타입은 아니었어. 매듭짓기, 휘장 꿰매어 달기, 이런 건 어린 독에게 어울리지 않았으니까. 그래도 그중에 내가 즐겁게 참여한 활동이 하나 있다면 캠프파이어에 스모어(북미 지역에서 캠프파이어를 할 때 자주 먹는 간식으로, 두 장의 크래커 사이에 불에 구운 마시멜로와 초콜릿을 끼워 만들거나 스모어를 만든 뒤에 구워 먹는다)를 구워 먹는 거였어. 물론, 지금이라면 다른 데 불을 붙이겠지. 이 스모어 파이 레시피는 캠프파이어에서 즐기던 그 간식을 통밀 크래커 크러스트로 업그레이드한 거야. 보이 스카우트 샌님이든 빅 스눕 같은 악동이든 이 파이가 최고라는 건 인정하지 않을 수 없을걸.

8인분

INGREDIENTS

통밀 크래커 크러스트 재료

통밀 크래커 10~12개를 으깬 부스러기 1과 ½컵(180g) + 장식용 여유분(선택)

녹인 무염 버터 6큰술(85g)

공간이 생기지 않도록 단단히 눌러 계량한 황설탕 3큰술

소금 ¼작은술

초콜릿 소 재료

가볍게 푼 달걀(대) 1개

우유(전유) 2컵(480ml)

생크림 1과 ¼컵(300ml)

퓨어 바닐라 익스트랙트 1큰술

그래뉴당 1컵(200g)

코코아 파우더 ½컵(40g)

옥수수전분 ¼컵(35g)

소금 ¾작은술

마시멜로 토핑

달걀(대)흰자 3개

타르타르 크림(크림 오브 타르타르)✦ ½작은술

퓨어 바닐라 익스트랙트 1큰술

그래뉴당 1과 ¼컵(250g)

소금 ¼작은술

✦ **CREAM OF TARTAR**: 와인을 제조할 때 생기는 부산물인 주석산으로, 제빵시 머랭 안정제로 쓰인다.

HOW TO MAKE

통밀 크래커 크러스트 만들기

중간 크기 볼에 으깬 통밀 크래커와 황설탕, 소금을 넣고 잘 저어 섞은 뒤 녹인 버터를 첨가한다. 고무 주걱으로 으깬 크래커가 촉촉해질 때까지 섞는다. 23cm 파이 틀로 혼합물을 옮겨 담고 바닥과 옆면을 단단히 눌러 붙인다. 손가락으로 꾹꾹 누른 뒤 계량컵이나 일자형 유리컵을 사용해 떨어지지 않도록 더 확실하게 누른다. 크러스트를 최소 1시간에서 최대 하룻밤 냉동한다.

초콜릿 소 만들기

1. 중간 크기 편수 냄비에 그래뉴당과 코코아 파우더, 옥수수전분, 소금을 넣고 섞는다. 우유와 생크림을 넣고 다시 잘 저어 섞는다.

2. 달걀물을 넣고 냄비를 중강 불에 올린다. 계속 저으면서 혼합물이 걸쭉해지고 표면에서 기포가 터지기 시작할 때까지 끓인다. 중간 불로 줄이고 45초 동안 세차게 젓다가 냄비를 불에서 내린다.

3. 내열 그릇 위에 고운체를 놓고 소를 체에 내린 뒤 바닐라 익스트랙트를 넣고 잘 섞이도록 젓는다. 표면에 닿도록 비닐 랩을 씌우고 냉장고에 2~4시간 넣어 차게 식히면서 가끔 랩을 열어 저어준다.

4. 다 식으면 파이 크러스트에 소를 넣고 파이를 냉장고에 넣는다.

마시멜로 토핑 만들기

1. 스탠드 믹서의 용기나 다른 내열 용기를 뭉근히 끓는 물 위에 올린다. (이때 용기 아랫면이 물에 닿지 않게 한다.) 달걀흰자와 그래뉴당, 타르타르 크림, 소금, 물 ¼컵 (60ml)을 넣는다. 만졌을 때 따뜻할 때까지 3~4분 동안 저으면서 데운다.

2. 뜨거운 물 위에 올렸던 용기를 내려 스탠드 믹서에 끼우고 거품기 부속을 부착하거나, 다른 내열 용기를 사용했다면 핸드 믹서를 준비한다. 중고속에서 고속 사이로 7분 동안 돌린다.

3. 바닐라 익스트랙트를 넣고 걸쭉하고 매끈해질 때까지 2분 더 믹서를 돌린다.

4. 냉장고에 넣어둔 파이를 꺼낸다. 토핑은 식으면서 바로 굳기 때문에 빠르게 손을 놀려 따뜻한 마시멜로 위에 듬뿍 펴 바른다.

5. 작은 주방용 토치로 마시멜로를 그슬리거나 오븐 상단 ⅓ 부분에 선반을 설치하고 브로일러를 예열한다. 파이를 열원 아래서 잠깐 구우면서 타지 않도록 잘 지켜본다.

6. 통밀 크래커 부스러기를 뿌린 뒤(사용할 경우) 조각으로 잘라 바로 내거나 냉장고에 최대 2시간 동안 넣어 둔다. 이 파이는 그날 바로 먹는 것이 가장 좋지만 비닐 랩을 가볍게 덮으면 냉장고에서 하루나 이틀까지 보관할 수 있다.

응용 팁

통밀 크래커 크러스트를 만들 시간이 없다면 시판 파이 크러스트를 사용해도 좋아.

와인과 함께

DIPPED and WHIPPED STRAW-BERRIES
선수의 딸기

초콜릿 입힌 딸기 약 20개 분량

빅 독과 **보스 레이디**는 가끔 관능적인 데이트를 즐기거든. 향초를 켜고 장미 꽃잎을 뿌리면서 이 초콜릿 입힌 딸기 두어 개를 먹는, 그런 데이트 말이야. 좀 더 화끈한 분위기를 내고 싶을 때는 영화 〈에디 머피의 구혼 작전 Coming to America〉을 틀어놓고 내가 욕조에 들어가 있으면 우리 자기가 이 딸기를 먹여주기도 해. **진짜 선수**처럼. 느낌 알지?

INGREDIENTS

씻어서 완전히 말리고 꼭지를 따지 않은 신선한 딸기 455g
덜 단 초콜릿 칩(세미스위트 초콜릿 모슬) 1과 ½컵(270g)
화이트초콜릿 칩 ½컵(90g)

1. 베이킹 팬에 유산지를 깔아둔다.

2. 중탕기를 만든다. 작은 냄비에 물을 뭉근히 끓이면서 그 위에 작은 내열 그릇을 바닥이 닿지 않게 띄운다. 내열 그릇에 초콜릿 칩을 넣고 고무 주걱으로 가끔 저어주며 매끈하게 녹인다. 또는 초콜릿 칩을 전자레인지 용기에 담고 고출력 전자레인지에서 30초 돌리고 젓는 과정을 반복해 매끈하게 녹인다. 녹은 초콜릿을 불에서 내리거나 전자레인지에서 꺼낸다.

3. 딸기는 꼭지를 잡고 키친타월로 두드려 수분을 없앤다. 딸기를 하나씩 녹인 초콜릿에 담갔다가 여분의 초콜릿을 볼에 털어내고 준비해둔 베이킹 팬에 조심스럽게 놓는다. 초콜릿에 담그는 사이 꼭지가 떨어지면 포크로 딸기를 건져낸다. 중간에 초콜릿이 식으면 다시 중탕하거나 전자레인지에 데운다.

4. 남은 딸기도 똑같이 초콜릿을 묻힌다. 다음 단계로 넘어가기 전에 초콜릿이 완전히 굳어야 한다. 빨리 굳히고 싶다면 팬을 냉장고나 냉동실에 넣는다.

5. 깨끗한 작은 내열 용기에 화이트초콜릿을 담아 앞에서 사용한 끓는 물 위에 바닥이 닿지 않게 띄워놓고 깨끗한 고무 주걱으로 저으며 녹인다. 또는 2번을 참고해 전자레인지로 녹인다.

6. 녹은 화이트초콜릿을 조심해서 지퍼백에 옮겨 담는다. 지퍼백을 밀봉하고 아래쪽 귀퉁이에 작은 구멍을 낸다. 딸기 위에 화이트초콜릿을 짜서 장식한다. 장식이 끝난 딸기는 냉장고에 넣어 최소 30분 굳힌다. 이 딸기는 비닐 랩을 가볍게 씌워 냉장고에서 최대 3일까지 보관할 수 있다.

진짜 축하해 생일 케이크
Go Shorty, It's Your Birthday✦ Cake

생일은 최고의 날이지. 모두가 왕처럼 대해주고 좋은 것도 잔뜩 누릴 수 있잖아. 생일 카드, 생일 선물, 그리고 생일 케이크까지! 이 케이크는 한 입 먹을 때마다 축하받는 기분이 들 거야. 마지막 한 조각까지 먹고 나면 남은 건 딱 하나, 태어날 때 입었던 옷, 즉 알몸으로 생일 섹스를 즐기는 거지. 우리 친구 제러마이 Jeremih의 노래도 있잖아. "Birthday Sex"!

10~12인분

INGREDIENTS

초콜릿 케이크 재료

달걀(대) 3개
식물성 기름 ½컵(120ml)
퓨어 바닐라 익스트랙트 2작은술
버터밀크 1컵(240ml)
끓는 물 1컵(240ml)
중력분 2컵(280g)
그래뉴당 2컵(400g)
코코아 파우더 ¾컵(60g)
베이킹파우더 2작은술
베이킹소다 1과 ½작은술
소금 ½작은술

초콜릿 아이싱 재료

실온 상태의 무염 버터 24큰술 (330g)
우유(전유) ½컵(120ml) + 여유분
퓨어 바닐라 익스트랙트 1작은술
코코아 파우더 1컵(80g)
슈거 파우더 5컵(600g)

장식용 초콜릿 스프링클 적당량

✦ 50센트의 2003년 히트곡 〈In Da Club〉의 가사

DESSERT

HOW TO MAKE

초콜릿케이크 만들기

1. 오븐 가운데에 선반을 설치하고 180도로 예열한다. 9인치(23cm) 원형 케이크 팬 2개 안쪽에 버터를 바른다. 두 팬에 모두 밀가루를 가볍게 뿌리고 여분을 털어서 준비한다.

2. 스탠드 믹서에 패들 부속을 부착하거나 큰 볼과 핸드믹서를 준비해 밀가루와 그래뉴당, 코코아 파우더, 베이킹파우더, 베이킹소다, 소금을 넣고 혼합한다.

3. 버터밀크와 식물성 기름, 바닐라 익스트랙트를 넣고 달걀을 깨트려 넣은 뒤 다 섞일 때까지 중속으로 돌린다. 속도를 낮춰 저속으로 돌리면서 끓는 물을 조심히 반죽에 붓는다. 계속 믹서를 돌려 골고루 혼합한다. 준비한 팬 두 개에 반죽을 똑같이 나눠 담는다.

4. 오븐에 팬 두 개를 넣고 30~35분간 구우면서 골고루 익도록 중간에 팬을 180도 돌려준다. 가운데를 이쑤시개로 찔렀을 때 반죽이 묻어나지 않으면 다 익은 것이다.

초콜릿 아이싱 만들기

1. 케이크가 익는 동안 큰 볼과 핸드믹서를 사용해 버터와 코코아 파우더를 매끈한 크림 상태가 될 때까지 섞는다.

2. 슈거 파우더와 우유, 바닐라 익스트랙트를 넣고 고속으로 약 1분간 돌린다. 아이싱이 너무 뻑뻑하면 우유를 조금씩 넣어가며 농도를 균일하게 조정한다. 필요하다면 뚜껑을 덮어 냉장고에 넣어놓았다가 사용하기 전에 실온 상태가 되도록 꺼내둔다.

케이크 조립하기

1. 오븐에서 케이크 팬을 꺼내 그대로 철망 위에 놓고 10분쯤 식힌다. 잘 떨어지도록 팬의 가장자리 안쪽을 칼로 훑은 뒤 케이크 두 개를 모두 팬에서 꺼내 철망 위에 놓고 완전히 식힌다.

2. 하나를 평평한 면이 아래로 오도록 케이크 접시나 케이크 스탠드에 놓는다. 오프셋 스패출러('아이싱 스패출러'라고도 하며, 구부러진 손잡이에 좁고 납작한 날이 달린 도구로, 케이크에 아이싱을 바를 때 주로 사용하는 도구)로 윗면에 아이싱의 3분의 1을 가장자리까지 골고루 펴 바른다.

3. 나머지 케이크 판을 평평한 면이 아래로 오도록 첫 번째 케이크 위에 조심해서 얹고 잘 고정되도록 살짝 누른다. 다시 아이싱의 3분의 1을 케이크 윗면 가장자리까지 골고루 펴 바른다. 남은 아이싱을 접시 또는 스탠드를 돌려가며 케이크 옆면에 바른다.

4. 기호에 따라 윗면이나 케이크 전체에 스프링클을 뿌려 장식한다.

고생 끝에 낙 초콜릿 치즈케이크
Hustle Hard Chocolate Cheesecake

예전에 한 프로그램에서 퍼프 대디는 친구들을 뉴욕 시 곳곳으로 보내 완벽한 치즈케이크를 찾게 했지(과거 MTV의 리얼리티 쇼 〈Making the Band〉에서 실제로 퍼프 대디가 밴드 멤버들에게 내린 미션을 말한다). 하지만 뉴욕과 뉴저지, 코네티컷을 샅샅이 뒤져도 나의 최신 레시피를 따라올 치즈케이크는 없을 거야. 이건 퍼프 대디가 뉴욕에서 전용기를 타고 롱비치로 날아올 만큼 환상적인 맛이거든. 그저 동부 해안이나 서부 해안에서만 최고가 아니야. 세계 최고의 치즈케이크를 집에서 즐길 수 있는 기회라니까?

10~12인분

INGREDIENTS

초콜릿 크러스트 재료

약 5cm 두께의 초콜릿 웨이퍼 쿠키 255g
녹인 무염 버터 8큰술(110g)
그래뉴당 3큰술
소금 ½작은술

초콜릿 소 재료

다크 초콜릿 칩 1과 ½컵(270g)
실온 상태의 크림치즈 680g
사워크림 5큰술(75g)
퓨어 바닐라 익스트랙트 1작은술
슈거 파우더 1과 ¼컵(150g)
소금 ¾작은술

위에 뿌릴 코코아 파우더

HOW TO MAKE

초콜릿 크러스트 만들기

1. 스프링폼 팬(완성된 케이크를 쉽게 꺼낼 수 있도록 옆면과 밑면이 분리되는 케이크 틀)에 스프레이형 식용유나 실온 상태로 부드러워진 버터를 바른다. 바닥과 옆면에 유산지를 깐다.

2. 푸드 프로세서에 초콜릿 웨이퍼와 그래뉴당, 소금을 넣고 곱게 분쇄한다. 녹인 버터를 넣고 필요하다면 옆면을 긁어내리며 웨이퍼 가루가 골고루 촉촉해질 때까지 섞는다. 또는 웨이퍼와 그래뉴당, 소금을 큰 지퍼백에 넣고 최대한 공기를 빼서 밀봉한 뒤 밀방망이로 두드려서 으깨도 좋다. 으깬 웨이퍼를 중간 크기 볼에 넣고 녹인 버터를 첨가해 고무 주걱으로 잘 섞는다.

3. 잘 섞은 웨이퍼 혼합물을 준비해둔 팬에 담고 바닥과 옆면의 절반 높이까지 단단히 눌러 붙인다. 손가락으로 꾹꾹 누른 뒤 계량컵이나 일자형 유리컵으로 단단히 눌러 고정한다. 이 상태로 최소 1시간, 최대 하룻밤 냉동한다.

초콜릿 소 만들기

1. 냄비에 물을 넣고 뭉근히 끓이면서 그 위에 중간 크기 내열 용기를 바닥이 물에 닿지 않도록 띄워놓는다. 초콜릿 칩을 넣고 고무 주걱으로 가끔 저으며 매끈해질 때까지 완전히 녹인다. 또는 초콜릿 칩을 중간 크기 전자레인지 용기에 넣고 전자레인지를 고출력으로 30초씩 끊어 돌린다. 한 번 돌릴 때마다 젓고 다시 넣어서 매끈하게 녹을 때까지 같은 과정을 반복한다. 사용하기 전에 실온으로 식힌다.

2. 스탠드 믹서에 패들 부속을 부착해서 사용하거나 큰 볼과 핸드믹서를 사용해 크림치즈와 슈거 파우더, 소금을 혼합한다. 필요하다면 고무 주걱으로 옆면을 긁어내리며 골고루 잘 섞일 때까지 중저속으로 돌린다.

3. 식은 초콜릿에 사워크림을 넣고 잘 저어 섞는다. 이 초콜릿 혼합물을 크림치즈 혼합물에 넣는다. 덩어리 없이 골고루 섞일 때까지 중저속으로 돌린 뒤 바닐라 익스트랙트를 넣고 30초 더 돌린다. 만들어놓은 크러스트에 소를 담고 스패출러나 버터나이프로 윗면을 매끈하게 만든다. 비닐 랩으로 케이크를 덮어 냉장고에서 4~5시간 동안 굳힌다.

4. 먹기 직전에 스프링폼 팬의 옆면을 조심해서 풀어낸다. 긴 빵칼을 크러스트와 밑면 사이로 밀어 넣어 밑판을 떼어낸 뒤 케이크를 서빙용 접시로 옮긴다. 빵칼을 사용해 케이크를 웨지 모양으로 썬다. 매번 칼을 뜨거운 물에 넣었다가 썰면 깔끔하게 썰린다. 마지막으로 코코아 파우더를 뿌려 낸다.

5. 이 케이크는 비닐 랩으로 단단히 감싸 냉장고에서 최대 3일 동안 보관할 수 있지만 그날 바로 먹는 게 가장 좋다.

OG MUNCHIES
CANDY ROUNDUP

갱스터의 군것질
캔디 편

~ 1 ~

스타버스트
STARBURSTS

아주 쫄깃하고 아주 상큼하고 아주 맛있는 군것질거리. 나는 스타버스트의 여러 가지 맛에 제각기 어울리는 초록이를 하나씩 찾아놨어. 스타버스트 소믈리에라고나 할까? 말만 해. 내가 꼭 맞는 짝을 알려줄게. 하지만 레몬 맛은 참아줘. 원래 어디서든 빨간색과 분홍색이 대장이잖아.

~ 2 ~
스키틀스
SKITTLES

늦은 밤 단 게 필요할 때 내가 자주 찾는 간식이 바로 스키틀스야. 이건 늘 특대형으로 구비해놓지. 내가 먹기도 하고 공연 후에 인간 독을 보러 무대 뒤로 찾아오는 사람들에게도 나눠주거든.

~ 3 ~
베이비루스 미니
BABY RUTH MINIS

흡연자를 위한 간식. 나는 욕심부리지 않으려고 미니를 사다놔. 핼러윈도 아닌데 큰 걸 먹을 필요는 없잖아. 이 쫀깃한 미니만으로도 확실한 만족을 얻을 수 있다니까.

~ 4 ~
오비츠
ORBITZ

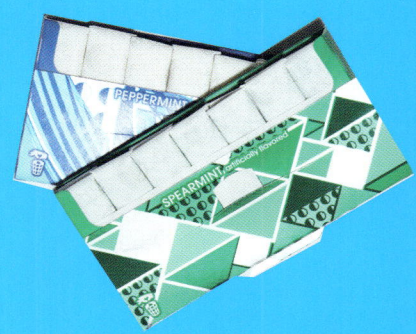

나처럼 신선한 랩을 내뱉고 싶다면 늘 입안을 상쾌하게 관리해야 해. 내가 퀴퀴한 입냄새를 풍기며 부스에 들어가면 어떻겠어? 그래서 이 보스 독은 늘 오비츠로 입안을 '아이스 쿨'하게 유지하지.

~ 5 ~
트위즐러/레드 바인
TWIZZLERS/RED VINES

가끔은 이런 젤리를 씹으며 어린 시절을 추억하는 것도 좋잖아. 친구가 한눈팔고 있을 때 이걸로 목덜미를 한 대 때려주는 것도 여전히 재미있다니까!

CHAPTER 5

Drinks

술

오리지널 진 앤 주스 OG Gin and Juice
133

리믹스 진 앤 주스 Remix Gin and Juice
136

기막힌 기믈릿 That Goody Gimlet
138

높이높이

네그로니 Jet Settin' Negroni
139

더럽지 않은

더티 마티니 So Clean We Dirty Martini
140

일어나

살아나 콥스 리바이버 Wake 'n' Bake Corpse Reviver
142

해피아워 보드카 크랜베리

Happy Hour Vodka Cranberry
143

프렌치 커넥트 75 French Connect 75
144

꿈의 싱가포르 슬링 That Thang Singapore Sling
146

나를 상징하는 칵테일이
"진 앤 주스Gin and Juice"라는 건 다 알지?

나는 그 노래가 실린 1993년 첫 앨범 《도기 스타일DOGGYSTYLE》을 발표한 이후로 탱커레이TANQUERAY 진의 홍보대사였고 지금도 그걸 즐겨 마시거든. 세계 최대의 진 앤 주스를 만들어 기네스 기록을 세운 사람은? 맞아. 바로 이 빅 보스 독이야. 심지어 진 앤 주스 레시피를 변형해서 탱커레이 "레이드 백LAID BACK"(스눕 독의 〈진 앤 주스〉 가사로, '느긋한'이라는 뜻) 칵테일도 만들었다니까. 탱커레이에 파인애플 맛을 살짝 섞고 퍼프 대디의 시로크CÎROC 보드카를 조금 넣으면 끝내주거든. 예에! 나는 이제 절친이 된 마사와 함께 일하면서 다양한 칵테일을 배웠어. 마사는 고급 스카치와 럼 외에도 머리가 빙빙 도는 온갖 종류의 술을 소개해줬지. 그런 환상적인 술을 일일이 시음하다보니 진짜 전문가가 되었다니까. 내가 만들어본 칵테일 중 몇 가지를 소개할 테니 친구들과 신나게 즐기고 싶을 때 마음껏 활용하길.

오리지널 진 앤 주스
OG Gin and Juice

어슬렁어슬렁 거리를 걷다가 한 대 피우고…… 그 다음엔 뭔지 알지? '진 앤 주스를 홀짝이고'잖아. 친구들과 가게에서 술을 슬쩍하던 시절부터 진 앤 주스는 나의 칵테일이었지. 하지만 같이 마시고 싶으면 나한테 몇 푼은 쥐여줘야 했어. 모두 한 잔씩 들고 있긴 했지만 빈손으로 오는 놈들한텐 젊은 스눕 도기 독은 공짜로 내주지 않았거든.(스눕 독의 〈진 앤 주스〉 가사 내용) 물론, 지폐 한두 장 갖고 오면 기꺼이 이 칵테일을 만들어줬을 거야.

INGREDIENTS

진
오렌지 주스

HOW TO MAKE

진과 주스를 넣고 섞는다. 끝!

오리지널 진 앤 주스
06
Gin and Juice

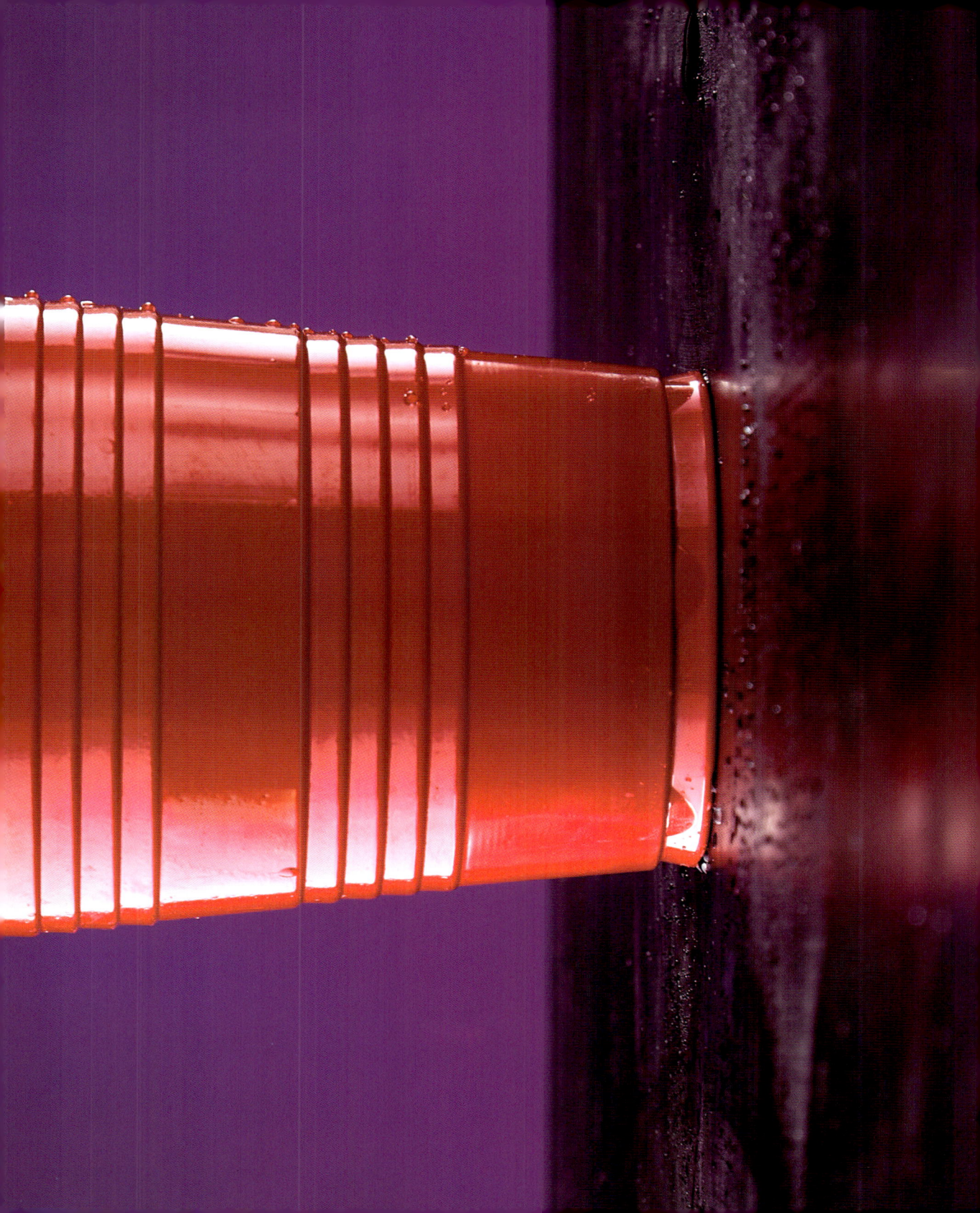

리믹스 진 앤 주스
Remix Gin and Juice

오리지널 다음에는 리믹스지. 탱커레이 진과 오렌지 주스를 섞어 25년쯤 마시고 나니까 참신하게 바꿔보고 싶었어. 그래서 나온 게 탱커레이 "레이드백"이야. 역시 주스를 사용하지만 오렌지 주스 대신 파인애플 주스로 '트로피컬 바이브'를 살렸어. 여기에 시로크 보드카를 살짝 얹어서 산뜻한 맛을 더했지. '진 앤 주스 2.0'이야.

INGREDIENTS

진(가급적 탱커레이) 30ml
사과 맛 보드카 30ml
파인애플 주스 60ml
장식용 파인애플 잎과 슬라이스한 라임 1조각

HOW TO MAKE

1. 칵테일 셰이커에 얼음을 채운 뒤 진과 보드카, 파인애플 주스를 넣고 잘 젓는다.

2. 록 글라스에 걸러 따르고 파인애플 잎과 라임 조각으로 장식해 바로 낸다.

기막힌 기믈릿
That Goody Gimlet

부르주아 독자를 위해 내가 플라스틱 컵으로 마시던 진 앤 주스보다 좀 더 고급스러운 칵테일도 소개할게. 기믈릿. 이름부터 우아하다니까.

1잔

INGREDIENTS

진(가급적 탱커레이) 60ml
갓 짠 라임 즙 30ml
가장 심플한 시럽(144쪽) 15ml
토핑용 탄산수 적당량
장식용 라임 슬라이스

HOW TO MAKE

1. 쿠프 글라스(굽 달린 반구형 유리컵)를 차게 식힌다.

2. 칵테일 셰이커에 얼음을 채운 뒤 진과 라임 즙, 가장 심플한 심플 시럽을 넣는다. 뚜껑을 덮고 30초간 잘 흔든다.

3. 차가운 쿠프 글라스에 걸러 따르고 위에 탄산수를 붓는다. 라임 슬라이스로 장식해 바로 낸다.

높이높이 네그로니
Jet Settin' Negroni

페로니와 이름이 비슷하지만 그런 평범한 술과는 차원이 달라. 네그로니는 기분을 한껏 띄워주는 이탈리아 칵테일이거든. 밀라노의 패션모델이 되어 런웨이에 선 듯한 기분이 들 거야. 베르무트가 입안에서 실크처럼 부드럽게 감긴다니까. 단, 적당히 마실 것. 너무 많이 마시면 런웨이에서 대자로 기절할 수도 있거든.

1잔

INGREDIENTS

진(가급적 탱커레이) 60ml
캄파리 30ml
스위트 베르무트 30ml
장식용 오렌지 껍질

HOW TO MAKE

1. 칵테일 셰이커에 얼음을 채운 뒤 진과 캄파리, 스위트 베르무트를 넣고 젓는다.

2. 록 글라스에 얼음을 채우고 네그로니를 걸러 따른다. 오렌지 껍질을 얹어 바로 낸다.

더럽지 않은 더티 마티니
So Clean We Dirty Martini

잘 들어, 갱스터들. 깔끔한 게 항상 좋은 건 아니야. 여자들은 나처럼 '더티'한 남자를 좋아하거든. 내가 더티 마티니를 좋아하는 것처럼. "젓지 말고 흔들어서." 제임스 본드의 명언이지. 나와 본드의 공통점이 뭔지 알아? 칵테일을 좀 안다는 거야. 인정하지?

1잔

INGREDIENTS

진(가급적 탱커레이) 90ml
드라이 베르무트 30ml
올리브 절임 국물 조금
스페인 피멘토 올리브(스페인산 피망 '피멘토'를 박은 올리브) 3알

HOW TO MAKE

1. 마티니 잔을 차게 식힌다.

2. 칵테일 셰이커에 얼음을 채우고 진과 베르무트, 올리브 절임 국물을 넣는다. 뚜껑을 덮고 30초 동안 잘 흔든다.

3. 차게 식힌 마티니 잔에 걸러 따른다. 올리브를 넣어 바로 낸다.

일어나 살아나 콥스 리바이버
Wake 'n' Bake Corpse Reviver

밤새 클럽에서 미친 듯이 논 탓에 '시체놀이' 중이라면? 이 독에겐 시체도 벌떡 깨울 수 있는 해장술 레시피가 있다고. 돈은 기다려주지 않잖아. 벌떡 일어나서 돈 벌러 가야지!

1잔

INGREDIENTS

진(가급적 탱커레이) 30ml
쿠엥트로 30ml
스위트 베르무트 30ml
갓 짠 레몬 즙 7ml
장식용 오렌지 껍질

HOW TO MAKE

1. 마티니 잔을 차게 식힌다.

2. 칵테일 셰이커에 얼음을 채운 뒤 진과 쿠엥트로, 베르무트, 레몬 즙을 넣는다. 뚜껑을 닫고 30초 동안 잘 흔든다.

3. 차가운 마티니 잔에 걸러 따르고 오렌지 껍질로 장식한다. 바로 낸다.

해피아워 보드카 크랜베리

Happy Hour Vodka Cranberry

심플하고 클래식한 칵테일이지. 깨끗하고 청량한 맛을 원할 때 시로크에 크랜베리를 살짝 섞어봐. 벌써 해피아워. 이제부터 시작이야. 거기서 딱 기다려. 곧 갈게!

1잔

INGREDIENTS

보드카 30ml
크랜베리 주스 30ml
갓 짠 라임 즙 7.5ml
장식용 라임 슬라이스

HOW TO MAKE

1. 록 글라스를 차게 식힌다.
2. 칵테일 셰이커에 얼음을 채운다.
3. 보드카와 크랜베리 주스, 라임 즙을 넣고 뚜껑을 닫아 30초간 잘 흔든다.
4. 차가운 록 글라스에 걸러 따르고 라임 슬라이스로 장식해서 바로 낸다.

프렌치 커넥트 75
French Connect 75

이건 내가 확실하게 인정하는 칵테일이야. 샴페인으로 진에 활기를 불어넣고 심플 시럽을 얹어 달달하게 만들면 정말 훌륭하다니까. 위, 위!

1잔

INGREDIENTS

진(가급적 탱커레이) 60ml

갓 짠 레몬 즙 15ml

가장 심플한 시럽(왼쪽 참조) 15ml

샴페인 60ml

장식용 레몬 트위스트(비틀어 꼰 레몬 껍질 조각)

HOW TO MAKE

1. 긴 샴페인 잔을 차게 식힌다.

2. 칵테일 셰이커에 얼음을 채우고 진과 레몬 즙, 심플 시럽을 넣는다. 셰이커 뚜껑을 덮고 30초 동안 잘 흔든다.

3. 차가운 샴페인 잔에 얼음을 걸러 따른다. 레몬 트위스트로 장식해서 바로 낸다.

가장 심플한 시럽

칵테일을 업그레이드하는 가장 손쉬운 방법은 이 시럽을 만드는 거야. 편수 냄비에 물 2컵(480ml)과 그래뉴당 2컵(400g)을 넣고 중간 불에서 끓여봐. 설탕이 녹을 때까지 아주 빠르게 저으면 끝. 이 친구는 실온에서 한 김 식히고 밀폐용기에 담아 냉장고에 넣으면 최대 1달까지 보관할 수 있어. 파티가 열릴 때마다 꺼내 쓰도록.

꿈의 싱가포르 슬링
That Thang Singapore Sling

도시이자 국가이자 섬 싱가포르. 이 푸르른 지구에서 스눕 독이 아직 가보지 못한 몇 안 되는 곳 중 하나야. 언젠가는 내 버킷 리스트에서 지울 날이 오겠지. 그때까지는 모퉁이 가게에서 재료를 사다가 이 칵테일을 만드는 데 만족하려고.

1잔

INGREDIENTS

파인애플 주스 90ml
진(가급적 탱커레이) 30ml
쿠엥트로 15ml
그레나딘(석류 시럽) 7ml
갓 짠 라임 즙 7ml
토핑용 탄산수 적당량

HOW TO MAKE

1. 콜린스 글라스(스파클링 칵테일 잔으로 많이 사용되는, 300~410ml 용량의 높은 유리잔)를 차게 식힌다.

2. 칵테일 셰이커에 얼음을 채운 뒤 파인애플 주스와 진, 쿠앵트로, 라임 즙, 그레나딘을 넣는다. 뚜껑을 닫고 30초 동안 잘 흔든다.

3. 차가운 콜린스 글라스에 걸러 따르고 탄산수를 부어 바로 낸다.

CHAPTER 6

Parties

파티

우리 집의 **추수감사절** Thanksgiving: At My House 150

시합의 날: 미식축구 시즌 Game Day: Time for Football 162

게임의 밤: 도미노에 관한 모든 것 Game Night: All About the Dominoes 172

해변 **파티:** 해산물 리믹스 From Tha Beach: Seafood Remix 178

우리 집의 추수감사절

Thanksgiving: At My House

**추수감사절은 1년 중 손에 꼽을 만큼
음식이 중요한 날이잖아.**

그날만큼은 부엌에 훌륭한 요리사가 꼭 있어야 해. 말하자면 엄마나 이모…… 어쨌든 마카로니에 치즈를 얼마나 넣어야 하는지, 접시를 가득 뒤덮을 완벽한 그레이비를 어떻게 만드는지 아는 사람 말이야. 운 좋게도 나는 우리 양가 할머니와 사촌, 그 밖에 많은 사람에게서 우리 집안 최고의 조리법을 전부 배웠어. 그중엔 아주 어렵게 배운 것도 있지. 원래 가문의 비법은 순순히 내주지 않잖아! 내가 힘들게 얻은 이 레시피들을 너그러이 전수해줄게. 이 스눕 독만 따라 하면 촉촉한 칠면조 요리뿐 아니라 온갖 맛있는 명절 음식을 언제든 즐길 수 있어!

MENU

장난 아냐 허브 칠면조와 그레이비
Ain't No Jive Herbed Turkey and Gravy
154

알콩달콩 껍질콩
Good Good Green Beans
158

두둑한 매시트포테이토
M.O.P.: Mash Out Potatoes
159

이런 이런 이런 고구마파이
My My My Sweet Potato Pie
160

인생 역전 애플파이
Rags to Riches Apple Pie
114

우리 집의 추수감사절

BEATS and BITES

음악과 음식 사이

추수감사절은 감사를 표하는 날이니까 그에 걸맞은 노래들을 골라봤어. 첫술을 뜨기 전에 클라크 시스터스 **The Clark Sisters**와 함께 **"할렐루야"**를 외쳐봐. 스티비 원더 **Stevie Wonder**의 노래가 나오면 이모, 고모, 할머니까지 일어나서 춤을 추실걸. 그리고 내 친구 부스타 라임스 **Busta Rhymes**의 곡으로 마무리하는 거야. 이런 날 **"감사합니다"**보다 적절한 메시지는 없을 테니까.

~ 1 ~
BLESSED & HIGHLY FAVORED
클라크 시스터즈
THE CLARK SISTERS

~ 2 ~
LOVE ON TOP
비욘세
BEYONCÉ

~ 3 ~
THE JOY
제이 지와 카니예 웨스트
JAY-Z & KANYE WEST

~ 4 ~
KEEP YA HEAD UP
투팍
2PAC

~ 5 ~
BEFORE I LET GO
메이즈
MAZE

~ 6 ~
EXTREMELY BLESSED
2체인즈
2 CHAINZ

~ 7 ~
DO I DO
스티비 원더
STEVIE WONDER

~ 8 ~
BLACK OR WHITE
마이클 잭슨
MICHAEL JACKSON

~ 9 ~
I'M COMING OUT
다이애나 로스
DIANA ROSS

~ 10 ~
THANK YOU
부스타 라임스
BUSTA RHYMES

장난 아냐 허브 칠면조와 그레이비
Ain't No Jive Herbed Turkey and Gravy

추수감사절에 칠면조가 빠질 수는 없지. 명절 상을 차릴 거라면 오렌지 껍질과 오렌지 그레이비를 듬뿍 얹은 내 칠면조 요리를 꼭 만들어보길. 대개는 레몬을 쓰지만 나는 추종자가 아니라 선구자잖아. 레몬 대신 오렌지를 넣은 칠면조를 맛보면 두 번 다시 레몬으로 돌아갈 수 없을걸.

8~12인분

INGREDIENTS

허브 칠면조 재료

칠면조 1마리(4.6~6.4kg), 냉동일 경우 해동
오렌지(중) 2개
8조각의 웨지 모양으로 썬 노란 양파(중) 3개
다진 마늘 3쪽 분량
실온 상태의 무염 버터 8큰술 (110g)
코셔 소금 ¼컵(40g)
신선한 "가금용 허브" 팩 1개 (40g) 또는 세이지 2줄기와 타임 8줄기, 로즈메리 2줄기 + 장식용 여유분
굵게 간 후추 적당량

그레이비 재료

닭 육수 1과 ¼컵(300ml)
줄기를 제거하고 잎을 잘게 썬 넓은 잎 파슬리 4줄기(선택)
중력분 2큰술
코셔 소금 적당량
후추 적당량

HOW TO MAKE

허브 칠면조 만들기

1. 칠면조는 전날 미리 포장을 벗기고 뱃속에 든 내장 주머니를 제거한다. 깨끗한 주방 싱크대에서 칠면조 겉과 속 모두 흐르는 물에 잘 씻은 뒤 키친타월로 두드려 물기를 없앤다. 칠면조에 소금을 뿌리고 껍질 전체에 골고루 묻도록 손으로 문지른다. 칠면조를 테두리가 있는 베이킹 팬으로 옮겨 아무것도 덮지 않고 냉장고에 하룻밤 또는 최대 24시간 둔다.

2. 다음 날 허브 버터를 만든다. 그레이터로 오렌지 1개의 껍질을 갈아서 중간 크기 볼에 넣고 남은 오렌지는 따로 둔다. 세이지와 타임, 로즈메리는 각각 잎을 따서 모두 잘게 썰고 줄기는 따로 둔다. 잘게 썬 허브 잎을 오렌지 제스트 볼에 넣은 뒤 버터와 마늘을 첨가해 모든 재료가 골고루 섞이도록 잘 젓는다.

3. 오븐 하단 ⅓ 부분에 선반을 설치하고 오븐을 165도로 예열한다.

4. 냉장고에 넣어둔 칠면조를 꺼내 깨끗한 주방 싱크로 옮기고 베이킹 팬은 잠시 둔다. 칠면조를 물로 헹구고 키친타월로 두드려 물기를 없앤다. 가슴과 허벅지 부위의 껍질과 살코기 사이로 손을 넣어 껍질이 찢어지거나 완전히 떨어지지 않도록 조심하며 살에서 분리한다. 껍질을 살살 들어 올려 숟가락으로 전체 껍질과 살코기 사이에 허브 버터를 넣고 손으로 주물러 버터가 골고루 퍼지게 한다. 볼에 남은 허브 버터는 칠면조 겉에 골고루 바른 뒤 후추를 넉넉히 뿌린다.

5. 웨지 모양으로 썬 양파 8조각을 칠면조 뱃속에 넣고 따로 둔 허브 줄기도 넣는다. 남은 양파 조각들은 테두리가 있는 베이킹 팬 한가운데에 서로 닿도록 모아놓는다. 양파 위 가운데 지점에 칠면조를 올리고 오븐에 넣는다. 겉면이 노릇해지고 조리용 온도계를 허벅지 뼈에 닿지 않게 넣었을 때 75도가 될 때까지 2시간에서 2시간 30분 동안 굽는다.

6. 오븐에서 칠면조를 꺼내 20분 동안 휴지시킨다. 요리용 포크나 나무 숟가락을 칠면조 배 안에 넣고 칠면조를 베이킹 팬에서 살살 들어 큰 도마로 옮긴다. 칠면조 위에 쿠킹 포일을 느슨하게 띄워 덮는다.

그레이비 만들기

1. 유리 계량컵 위에 체를 놓고 베이킹 팬에 남은 국물과 양파를 부어 거른다. 국물이 빠지는 동안 오렌지 2개의 즙을 짜놓는다. 국물이 완전히 빠지면 양파를 작은 볼로 옮긴다. 국물에 뜬 기름을 2큰술 떠서 중간 크기 편수 냄비에 넣고 남은 기름은 떠내 버리거나 재활용을 위해 보관한다. 기름을 모두 제거한 국물에 오렌지 즙을 넣는다. 국물이 2컵(480ml)이 되도록 닭 육수를 추가한다.

2. 냄비에 떠낸 기름 2큰술을 넣고 중강 불에서 데운다. 건져둔 양파 절반을 넣고 나머지 절반은 따로 둔다. 양파가 겹겹이 분리되고 가장자리가 갈색이 될 때까지 3~5분간 잘 저어 볶는다.

3. 밀가루를 넣고 꾸준히 저으며 1분간 가열한다. 국물과 오렌지 즙 혼합물을 추가하고 저으면서 뭉근히 끓인다. 중약불로 낮추고 계속 뭉근히 졸여 끓이다가 가끔 저어주며 걸쭉한 그레이비가 될 때까지 6~8분간 끓인다. 냄비를 불에서 내리고 소금과 후추로 간한다. 부드러운 그레이비를 원한다면 블렌더로 옮겨 매끈해질 때까지 간다. 그렇지 않다면 양파 조각이 남아 있는 채로 둬도 좋다. 취향에 따라 파슬리를 넣고 저은 뒤 그레이비를 서빙 그릇이나 그레이비 그릇에 붓는다.

칠면조 내는 법 8단계

간단하게 요약해줄게.

1. 다리 두 개를 잘라낸 뒤 허벅지와 아래쪽을 분리한다.

2. 허벅지의 뼈를 제거하고 살코기를 굵게 썬다.

3. 가슴 부위를 통째로 잘라내 원하는 크기로 가로로 슬라이스한다.

4. 양쪽 날개를 통째로 떼어낸다.

5. 슬라이스한 가슴살을 서빙용 접시 가운데 놓는다.

6. 양쪽 날개를 접시 한쪽에 놓고 반대편에 아랫다리 두 개를 놓는다.

7. 허벅지 살코기를 슬라이스한 가슴살 밑에 놓고 그 위에 웨지 모양으로 썰어 구운 양파를 쌓는다.

8. 신선한 허브 줄기로 접시를 장식해서 그레이비와 함께 따뜻하게 낸다.

알콩달콩 껍질콩
Good Good Green Beans

추수감사절 식탁은 딱히 다채롭다고 할 수 없어. 기껏해야 회색과 오렌지색이 전부지. 하지만 이 빅 스눕 독은 초록색을 좋아하잖아. 우리 지역에선 깍지콩이라고 부르는 녹색 껍질콩을 곁들여야 상차림이 완성된다고. 버터랑 레몬만 넣어주면 보기에도 좋고 맛도 좋은 요리가 나오거든. 식사가 끝나면 다른 녹색 식물을 즐겨도 좋겠지. 피우기도 좋고 냄새도 좋은 그것……

8인분

INGREDIENTS
다듬은 껍질콩 910g
무염 버터 6큰술(85g)
레몬 제스트 1개 분량
굵게 간 후추 약간
소금 약간

HOW TO MAKE

1. 큰 양수 냄비에 진한 소금물을 넣고 센 불에서 한소끔 끓인 뒤 껍질콩을 넣어 아삭할 정도로 3~4분 데치고 건져 둔다.

2. 큰 팬을 중강 불에 올리고 버터를 녹인다. 팬을 휘휘 돌려 버터가 바닥을 완전히 덮고 갈색이 될 때까지 잘 지켜본다. 버터에 기포가 올라왔다가 가라앉고 약 5분 뒤에는 고소한 냄새가 나야 한다.

3. 팬이 뜨거워지고 기포가 가라앉으면 껍질콩을 넣어 갈색이 된 버터가 골고루 버무려지도록 휘젓는다.

4. 레몬 제스트를 뿌리고 소금과 후추로 간한 뒤 3~4분간 더 볶는다. 맛을 보고 필요하다면 소금과 후추로 간을 조절한다.

5. 껍질콩에 쿠킹 포일을 띄워서 덮어놓거나 먹기 직전에 오븐에서 낮은 온도로 다시 데워 낸다.

두둑한 매시트포테이토
M.O.P.: Mash Out Potatoes

이제 접시를 두둑이 채워 겨울에 대비해야 해. 캘리포니아도 11월부터는 꽤 쌀쌀해지기 때문에 해변용 몸매를 유지할 필요가 없거든. 매시트포테이토에 크림을 듬뿍 넣어 부드럽고 향긋하게 만들어봐. 명절이니까 잠시 긴장 풀고 마음껏 즐겨도 돼. 유명한 릭 제임스Rick James의 밈처럼, "It's a celebration, bitches!"

8인분

INGREDIENTS

껍질을 벗겨 4등분한 러셋 감자✦ 또는 유콘 골드 감자✦✦ 1.8kg

무염 버터 4큰술(55g)

생크림 2와 ½컵(600ml)

마요네즈 ½컵(120g)

굵게 간 후추 약간

소금 약간

✦ **RUSSET POTATO**: 껍질이 짙은 갈색이고 눈이 적으며, 속살은 희고 포슬하면서도 부드러운 감자 품종

✦✦ **YUKON GOLD POTATO**: 껍질이 얇고 매끈하며 눈이 적고, 속살은 노란빛을 띠며 익혔을 때 크리미한 감자 품종

HOW TO MAKE

1. 큰 양수 냄비에 진한 소금물을 넣고 센 불에서 한소끔 끓인 뒤 중강 불로 낮추고 감자를 넣는다. 포크로 찔렀을 때 잘 들어갈 때까지 20~25분 익히고 건져서 물에 적신 천을 덮어둔다.

2. 냄비를 다시 중간 불에 올리고 버터를 넣어 녹인다.

3. 생크림과 마요네즈를 넣고 잘 섞일 때까지 젓는다.

4. 냄비에 다시 삶은 감자를 넣고 매셔로 감자를 으깨어 재료들과 잘 섞는다. 맛을 보고 소금과 후추로 간해 바로 낸다.

이런 이런 이런 고구마파이
My My My Sweet Potato Pie

요즘엔 다들 호박에 푹 빠진 것 같더라. 하지만 우리 스타일 알잖아. 난 호박 따위에 넘어가지 않아. 우리 동네에선 이게 진짜거든. 내 절친 도미노의 노랫말에도 있잖아. "거기 그 고구마파이 한 조각 먹을 수 있나?"(미국 래퍼 도미노Domino의 1994년 곡 〈고구마파이Sweet Potato Pie〉에서 고구마파이는 매력적인 여자를 일컫는다.)

8인분

INGREDIENTS

파이 크러스트 재료

차가운 무염 버터 4큰술(55g)
차가운 식물성 쇼트닝 ¼컵(90g)
중력분 1과 ¼컵(175g)
+작업대에 뿌릴 여유분
그래뉴당 1큰술
베이킹파우더 ¼작은술
소금 1작은술

소 재료

문질러 씻은 고구마(대) 4개
달걀(대) 2개
오렌지 제스트 1개 분량
녹인 무염 버터 5큰술(75ml)
+틀용 여유분
우유(전유) ½컵(120ml)
공간이 생기지 않도록 단단히 눌러 계량한 황설탕 1컵(200g)
너트메그 가루 ½작은술
소금 1작은술

HOW TO MAKE

파이 크러스트 만들기

1. 푸드 프로세서에 밀가루와 그래뉴당, 베이킹파우더, 소금을 넣고 잠깐 돌려서 잘 섞는다.

2. 버터와 쇼트닝을 깍둑썰기해 푸드 프로세서에 넣는다. 순간 작동 기능을 사용해 거친 곡물가루처럼 만든 뒤 큰 볼로 옮겨 담는다.

3. 물 3큰술(45ml)을 조금씩 넣어가며(다 넣지 않아도 된다) 나무 숟가락이나 손으로 반죽한다. 손가락 두 개로 꼬집었을 때 모양이 유지되는 상태가 되어야 한다. 볼 안에서 손으로 반죽을 치대어 버석한 덩어리를 최대한 풀어준다. 반죽을 비닐 랩에 싸서 냉장고에 최소 2시간, 가급적 하룻밤 넣어둔다.

소 만들기

1. 오븐 가운데에 선반을 설치하고 오븐을 200도로 예열한다. 9인치(23cm) 파이 틀에 버터를 살짝 발라둔다.

2. 베이킹 팬에 고구마를 놓고 오븐에 넣어 완전히 익을 때까지 크기에 따라 40~90분 굽는다. 오븐에서 꺼내 만질 수 있을 때까지 한 김 식히고 껍질을 벗긴다.

3. 껍질 벗긴 고구마를 푸드 프로세서에 넣고 부드러워질 때까지 돌린다. 이때 고구마 퓌레 약 3컵(600g)이 나와야 한다. 우유와 녹인 버터, 달걀, 황설탕, 소금, 너트메그 가루, 오렌지 제스트를 넣는다. 필요할 때마다 멈추고 옆면에 묻은 혼합물을 긁어내리며 부드러워질 때까지 돌리고 한쪽에 둔다.

파이 마무리하기

1. 밀가루를 살짝 뿌린 작업대에 반죽을 놓고 밀대로 밀어 9인치(23cm) 파이 틀보다 조금 큰 원형을 만든다. 크러스트를 파이 틀로 옮겨 살살 눌러 넣는다.

2. 고구마 소를 크러스트 위에 얹는다.

3. 소를 얹은 크러스트를 베이킹 팬에 올리고 오븐에 넣는다. 60~90분간 구우면서 골고루 익도록 중간에 180도 돌려준다. 소가 익어서 단단해지기 전에 크러스트가 갈색이 되면 파이 위에 쿠킹 포일을 느슨하게 띄워 덮는다. 파이 가운데에 칼을 넣었을 때 반죽이 묻어나오지 않고 크러스트가 노르스름한 갈색을 띠면 다 익은 것이다. 완전히 식혀 실온으로 낸다.

4. 뚜껑을 덮어 냉장고에 넣으면 최대 3일간 보관할 수 있고 비닐 랩과 쿠킹 포일로 단단히 싸서 냉동실에 넣으면 최대 2달 동안 보관할 수 있다.

시합의 날: 미식축구 시즌
Game Day: Time for Football

이 빅 보스 독이 피츠버그 스틸러스의 사생팬이라는 건 이제 비밀이 아니잖아.

나에게 미식축구 시합만큼 중요한 행사는 거의 없다고 보면 돼. 심지어 나는 유소년 미식축구단인 SYFL(SNOOP YOUTH FOOTBALL LEAGUE)의 코치도 맡고 있지. 아이들을 가르치는 건 신나는 일이지만 가끔은 느긋하게 앉아서 시합을 구경하고 싶거든. 그래서 코치 스눕으로 뛰어다니지 않을 때는 거실 소파에 누워 시합 명장면을 감상하곤 해. 하지만 제대로 즐기려면 슈퍼볼 관람 파티에 어울리는 간식을 준비해야지. 응원하는 팀이 달라도 내 챔피언급 간식에 대해선 모두가 고개를 끄덕일걸.

MENU

헤쳐 모여 칠리 치즈 프라이
Squad Up Chili Cheese Fries
166

두둑이 얹은 나초
Suited and Booted Loaded Nachos
168

세상 핫한 팬 피자
Hot Like A Skillet Pizza
170

추억의 스모어 파이
Gimme S'mores Pie
118

시합의 날: 미식축구 시즌

BEATS and BITES

음악과 음식 사이

나는 시합 날만큼은 승부욕에 불타거든. 승리 외에는 어떤 결과도 받아들일 수 없어. 그래서 플레이리스트 첫 곡으로 내 친구 DJ 칼리드의 노래 〈All I Do Is Win〉을 골랐어. 마침 내가 이 곡에 끝내주는 랩을 넣기도 했으니까. 그 곡을 시작으로 계속해서 〈We Will Rock You〉 같은 패기 넘치는 곡으로 사기를 유지해야지. 마무리는 〈Eye of the Tiger〉. 사실, 〈Eye of tha Dogg〉이라는 제목이 더 어울릴 것 같지만……

~ 1 ~ ALL I DO IS WIN
DJ 칼리드
DJ KHALED

~ 2 ~ BLACK & YELLOW
위즈 칼리파
WIZ KHALIFA

~ 3 ~ BEAT UP ON YO PADS
스눕 독
SNOOP DOGG

~ 4 ~ WELCOME TO THE JUNGLE
건즈 앤 로지즈
GUNS N ROSES

~ 5 ~ WE WILL ROCK YOU
퀸
QUEEN

~ 6 ~ LET'S GET IT STARTED
블랙 아이드 피스
THE BLACK EYED PEAS

~ 7 ~ WHOOMP! (THERE IT IS)
태그 팀
TAG TEAM

~ 8 ~ MAKE 'EM SAY UHH!
마스터 피
MASTER P

~ 9 ~ FOREVER
드레이크
DRAKE

~ 10 ~ EYE OF THE TIGER
서바이버
SURVIVOR

헤쳐 모여 칠리 치즈 프라이
Squad Up Chili Cheese Fries

프렌치프라이, 즉 감자튀김을 업그레이드하려면 어떻게 해야 할까? 어렵지 않아. 칠리(고기에 강낭콩과 마늘 양파, 토마토 등을 넣고 끓이는 매운 스튜인 '칠리 콘 카르네'를 줄여 부르는 말)와 치즈만 얹어주면 되거든. 오븐 속에서 감자가 쪼그라들며 익는 동안 간 소고기와 체더치즈를 꺼내봐. 묵직한 칠리와 쭉쭉 늘어나는 치즈가 평범한 간식이었던 감자튀김을 든든한 한 끼 식사로 바꿔준다고. 단, 가까이에 꼭 냅킨을 준비하도록.

8~12인분

INGREDIENTS

감자튀김 재료

껍질을 벗기고 두께 12mm로 채 썬 러셋 감자(중) 4개(약 1.4kg)

식물성 기름 2큰술

훈제한 파프리카 가루 4작은술

소금 적당량

굵게 간 후추 적당량

칠리 재료

소고기 다짐육 910g

건져서 물에 헹군 강낭콩 또는 흰 강낭콩 통조림 1캔(430g)

식물성 기름 2큰술

소고기 육수 1과 ½컵(360ml)

칠리 파우더 2큰술

중력분 1큰술

말린 오레가노 2작은술

커민 가루 2작은술

소금 적당량

굵게 간 후추 적당량

슈레드 체더치즈 또는 슬라이스 치즈 3컵(240g)

HOW TO MAKE

감자튀김 만들기

1. 오븐 가운데에 선반을 설치하고 오븐을 220도로 예열한다. 테두리가 있는 베이킹 팬에 쿠킹 포일을 깔아둔다.

2. 큰 볼에 채 썬 감자를 넣고 찬물을 부은 뒤 건진다. 이 과정을 두 번 더 되풀이한다. 헹군 감자를 키친타월에 펼쳐놓고 톡톡 두드려 물기를 닦는다. 볼 안쪽의 물기도 닦은 뒤 감자를 다시 볼에 넣는다. 식물성 기름과 파프리카 가루 3작은술을 넣고 감자에 골고루 묻도록 휘적이며 잘 섞는다. 준비한 베이킹 팬에 양념한 감자를 고르게 펼친 뒤 소금과 후추로 간한다.

3. 베이킹 팬을 오븐에 넣고 바삭하고 노릇하게 익을 때까지 40~45분간 구우며 골고루 익도록 중간에 감자를 한 번 뒤적여준다.

칠리 만들기

1. 감자가 익는 동안 큰 편수 냄비를 중강 불에 올리고 식물성 기름을 넣어 가열한다. 소고기를 넣고 고기가 풀어지도록 휘적이며 분홍빛이 없어질 때까지 약 8분간 익힌다. 칠리 파우더와 밀가루, 오레가노, 커민 가루를 넣고 1분간 잘 저어 익힌다.

2. 소고기 육수를 붓고 강낭콩을 넣어 한소끔 끓인다. 중약불로 줄여 뭉근히 끓게 두고 가끔 저어주며 걸쭉해질 때까지 6~8분 더 익힌다. 칠리를 불에서 내리고 소금과 후추로 간을 맞춘다.

마무리하기

1. 감자튀김이 완성되면 오븐에서 꺼내고 오븐은 그대로 켜둔다. 감자튀김을 베이킹 팬에 그대로 두고 위에 칠리를 골고루 얹은 뒤 치즈를 흩뿌린다. 남은 파프리카 가루 1작은술을 치즈 위에 뿌린다.

2. 베이킹 팬을 다시 오븐에 넣어 치즈가 완전히 녹아서 부글거릴 때까지 약 10분 동안 굽는다.

3. 오븐에서 팬을 꺼내 바로 낸다.

두둑이 얹은 나초
Suited and Booted Loaded Nachos

나는 돈을 두둑이 얹어주는 것도 좋아하지만 토핑을 두둑이 올린 칩도 좋아하거든. 토르티야 칩에 뭔가를 곁들이고 싶다면 평범한 소스 말고 좀 색다른 걸 시도해봐. 나초의 기준을 한 단계 끌어올릴 두둑한 나초 레시피를 소개할게.

6~8인분

INGREDIENTS

나초 재료

식물성 기름 2큰술
소고기 다짐육 455g
칠리 파우더 1작은술
커민 가루 1작은술
마늘 가루 ½작은술
양파 가루 ½작은술
소금 2작은술
굵게 간 후추 2작은술
토르티야 칩 370g
해동한 냉동 옥수수 1컵(140g)
건져서 물에 헹군 검은콩 통조림 1캔(430g)
얇게 슬라이스한 할라페뇨 고추 1개
슈레드 몬터레이 잭 치즈 1컵 (80g)
슈레드 체더치즈 1컵(80g)

토핑

깍둑썰기한 토마토(중) 1개
아보카도 2개
사워크림 ¼컵(60g)
라임 즙 1개 분량
소금 적당량
굵게 간 후추 적당량
장식용 신선한 고수 약간
장식용 잘게 썬 쪽파 약간

HOW TO MAKE

나초 만들기

1. 오븐 상단 ⅓ 부분에 선반을 설치하고 오븐을 200도로 예열한다. 베이킹 팬에 쿠킹 포일을 깔아둔다.

2. 큰 팬을 중강 불에 올리고 식물성 기름을 넣어 가열한다. 팬을 휘휘 돌려 기름이 바닥 전체를 덮게 한다. 팬이 뜨거워지면 소고기와 칠리 파우더, 커민 가루, 마늘 가루, 양파 가루, 소금, 후추를 넣고 고기가 풀어지도록 가끔 저으며 완전히 갈색이 될 때까지 6~7분간 익힌다. 맛을 본 뒤 필요하면 간을 조절하고 남는 기름은 따라 버린다. 익힌 소고기를 큰 볼로 옮겨 담고 뚜껑을 덮어둔다.

3. 준비해둔 베이킹 팬에 토르티야 칩을 고르게 한층 펼치고 위에 익힌 소고기를 골고루 얹는다. 그 위에 옥수수와 검은콩, 할라페뇨 고추, 치즈를 올린다.

4. 오븐에 넣고 치즈가 완전히 녹을 때까지 6~7분간 굽는다.

나초 마무리하기

1. 그사이 작은 볼에 아보카도를 넣고 으깨어 라임 즙과 섞는다. 맛을 보고 필요하면 소금과 후추로 간한다.

2. 오븐에서 나초를 꺼내 으깬 아보카도와 사워크림, 토마토를 얹는다. 고수와 쪽파를 뿌려 따뜻할 때 낸다.

세상 핫한 팬 피자
Hot Like A Skillet Pizza

나는 피자를 만들 때 다양한 시도를 하거든. 이탈리안 소시지도 올려보고, 페퍼로니도 올려보고, 모차렐라 치즈나 체더치즈, 그 밖의 다양한 치즈를 올려보기도 하지. 도우도 직접 만들어. 밀가루뿐 아니라 도우 만드는 데 필요한 다른 재료를 모두 꺼내놓고 밀대로 밀어서 처음부터 만든다니까. 하지만 시판 도우를 사서 토핑을 한가득 얹어도 돼. 특히 친구들이 잔뜩 와서 기다리고 있다면 서둘러야 하니까. 어쨌든 우리가 주방장이잖아. 내 레시피에는 바로 그런 맛이 있지. 한 입 베어 물면 익숙하지 않은 온갖 좋은 것들의 맛이 한꺼번에 느껴질 거야.

1인분 피자 4개

INGREDIENTS

20분 이상 실온에 꺼내놓은 시판 피자 도우 1개(455g)

페퍼로니 슬라이스 115g (선택)

익힌 소시지 115g (선택)

430g 으깬 토마토 통조림 1캔

잘게 자른 생 모차렐라 치즈(진공 비닐 포장된 것) 1봉(230g) 또는 슈레드 모차렐라 치즈나 샤프 체더치즈 2컵(160g)

분쇄하거나 그레이터로 곱게 간 파르메산 치즈 ¼컵(8g)

다진 마늘 2쪽 분량

엑스트라 버진 올리브 오일 ¼컵 (60ml) + 팬에 바를 여유분

레드 페퍼 플레이크 1작은술

HOW TO MAKE

1. 작은 팬을 중약불에 올리고 올리브 오일과 마늘, 레드 페퍼 플레이크를 넣어 잘 섞는다. 지글거리며 향이 올라올 때까지 약 3분간 볶은 뒤 불에서 내린다.

2. 브로일러 바로 아래 선반을 놓고 브로일러를 고온으로 예열한다.

3. 피자 도우를 4등분한다. 10인치(25cm) 무쇠 팬을 중강 불에 올려 몇 분 동안 달궈지게 두고, 그사이 도우 한 조각을 손으로 주물러 직경 약 23cm의 원판으로 만든다.

4. 팬에 올리브 오일을 살짝 바르고 원형으로 빚은 도우를 조심히 펼쳐 올린다. 90초에서 2분 동안 익힌 뒤 가장자리를 뒤집개로 들어 올려 바닥에 기포가 생기고 살짝 바삭해졌는지 확인한다. 도우를 뒤집고 으깬 토마토 ⅓컵(80ml)을 빠르게 도우 위에 얹는다. 그 위에 모차렐라 치즈나 체더치즈 ¼을 얹고 페퍼로니 슬라이스 약 10개 또는 익힌 소시지 ¼컵(28g)을 얹는다. 2~3분 뒤 도우가 군데군데 부풀고 살짝 바삭해지면서 치즈가 녹기 시작해야 한다.

5. 팬을 불에서 내린다. 파르메산 치즈 1큰술을 윗면에 흩뿌린다. 팬을 브로일러 아래 넣고 피자가 지글거리고 노릇해질 때까지 2분 굽는다. 접시에 옮겨 바로 낸 뒤 미리 만들어놓은 마늘 기름을 피자 위에 뿌린다. 나머지 도우와 토핑도 같은 방법으로 조리한다.

게임의 밤: 도미노에 관한 모든 것
Game Night: All About the Dominoes

우리 동네에서 가장 인기 있는 게임 중 하나는

도미노 게임(도미노 블록을 늘어놓고 쓰러뜨리는 게임이 아니라, 주사위처럼 0~6 사이의 숫자 눈이 있는 정사각형 두 개가 붙어 있는 사각 타일 28개로 즐기는 게임)이야. 체스처럼 우아하거나 지적이진 않지만 나와 친구들은 이 게임에 승부욕을 불태우거든! 동네 친구들과 어울리려면 그에 걸맞은 음식이 있어야 하잖아. 식탁이나 뒷마당에서 도미노 타일을 후려치는 친구들의 기운을 북돋을 간식 말이야. 뜨거운 로스앤젤레스의 태양이 저물고 밤이 찾아올 무렵, 도미노와 함께 즐기는 이 음식들만큼 좋은 건 없지.

MENU

이스트사이드 치즈 케사디야
Eastside Cheese Quesadillas
176

이불에 싸인 핫 '독'
DOGGs in a Blanket
177

감자칩으로 튀긴 닭 날개
Get Tha Chip Fried Chicken Wings
80

오리지널 진 앤 주스
OG Gin and Juice
133

게임의 밤: 도미노에 관한 모든 것

BEATS and BITES

음악과 음식 사이

친구들과 도미노 게임을 할 때는 한 손에 술을 들고 느긋하게 즐겨야 해. 이렇게 여유로운 분위기를 만들어줄 사운드트랙으로는 우리의 멋진 친구 윌 스미스^{Will Smith}의 〈Summertime〉이 제격이지. 그다음엔 내 친구 워런 G의 〈This DJ〉와 내 절친 닥터 드레의 〈Let me Ride〉로 분위기를 이어가는 거야. 캘리포니아의 느긋한 허세가 돋보이는 캘빈 해리스^{Calvin Harris}의 곡도 빼놓을 수 없지. 모두 함께 엉덩이를 튕기고 흔들기에 좋은 플레이리스트야.

~ 1 ~
SUMMERTIME
월 스미스
WILL SMITH

~ 2 ~
THIS DJ
워런 G
WARREN G

~ 3 ~
THIS IS HOW WE DO IT
몬텔 조던
MONTELL JORDAN

~ 4 ~
LET ME RIDE
닥터 드레
DR. DRE

~ 5 ~
SEPTEMBER
어스, 윈드 앤드 파이어
EARTH, WIND & FIRE

~ 6 ~
SO FRESH, SO CLEAN
아웃캐스트
OUTKAST

~ 7 ~
WHERE THE PARTY AT
잭드 에지
JAGGED EDGE

~ 8 ~
SLIDE
캘빈 해리스
CALVIN HARRIS

~ 9 ~
LOVE AND HAPPINESS
알 그린
AL GREEN

~ 10 ~
NO DIGGITY
블랙스트리트
BLACKSTREET

이스트사이드 치즈 케사디야
Eastside Cheese Quesadillas

멕시코계 친구들이 전수해준 레시피야. 그들은 치즈를 제대로 쓸 줄 알거든. 완벽한 케사디야를 만드는 데는 많은 재료가 필요하지 않아. 토르티야 두 장과 치즈 한 무더기만 있으면 된다니까. 치즈가 적당히 녹을 때까지 익혀주면, 짠~ 게임의 밤을 빛내줄 최고의 간식 탄생!

8인분

INGREDIENTS

치폴레 소스 재료

사워크림 3큰술
마요네즈 3큰술
스리라차 4큰술(60ml)

케사디야 재료

밀가루 토르티야 8장
슈레드 체더치즈 2컵(160g)
슈레드 몬터레이 잭 치즈 1컵(80g)
무염 버터 6큰술(85g)

곁들임 재료

슬라이스한 아보카도 2개
잘게 썬 신선한 고수 3큰술
4등분한 라임 2개

HOW TO MAKE

치폴레 소스 만들기

작은 볼에 사워크림과 마요네즈, 스리라차를 넣고 잘 저어 섞는다. 먹기 전까지 냉장고에 넣어둔다.

케사디야 만들기

1. 깨끗한 작업대에 토르티야를 놓고 치즈를 골고루 얹는다. 치즈를 그대로 두고 토르티야를 반으로 접는다.

2. 큰 팬을 중간 불에 올려 버터 2큰술을 녹인 뒤 팬을 휘휘 돌려 버터가 팬 바닥을 완전히 덮게 한다.

3. 팬이 뜨거워지고 기포가 가라앉으면 치즈 넣은 토르티야 2개를 올린다. 노릇하고 살짝 바삭해질 때까지 한쪽 면에 2~3분씩 굽는다. 이때 치즈가 녹아서 늘어져야 한다. 케사디야를 팬에서 조심스레 꺼내 한쪽에 두고 식지 않도록 쿠킹 포일을 느슨하게 띄워 덮는다. 남은 버터와 케사디야도 같은 방식으로 조리한다.

4. 치폴레 소스와 아보카도를 한쪽에 곁들여 바로 낸다. 고수와 라임을 전체에 골고루 얹어 장식한다.

이불에 싸인 핫 '독'
DOGGs in a Blanket

피그스 인 어 블랭킷('이불에 싸인 돼지'라는 뜻으로, 크레센트 롤 안에 작은 소시지를 넣어 구운 소시지 롤) 아니냐고? 난 딱히 돼지를 이불에 싸고 싶지 않거든. 내 레시피는 달라. 이 최고의 독에겐 핫도그를 제대로 활용하는 레시피가 있지. 그릴에 굽는 것도 좋지만, 뭐든 그냥 불을 붙이기보다는 돌돌 말아주는 게 더 맛있잖아. 일단 이걸 말아서 구워 먹은 다음 다른 걸 말아도 좋고……

8인분

INGREDIENTS
가운데를 가른 핫도그 소시지 8개
슈레드 샤프 체더치즈 2컵(160g)
크레센트 롤(도우) 1캔(230g)
씨를 빼고 얇게 슬라이스한 할라페뇨 고추 1개
곁들임 옐로 머스터드 적당량

HOW TO MAKE

1. 오븐 가운데에 선반을 설치하고 오븐을 190도로 예열한다. 베이킹 팬에 쿠킹 포일을 깔아둔다.

2. 가운데를 가른 핫도그 소시지에 체더치즈를 잘 끼워 한쪽에 둔다.

3. 깨끗한 작업대 위에 크레센트 롤 도우를 펼쳐놓고 8개의 삼각형으로 자른다.

4. 삼각형 도우 위에 잘게 썬 할라페뇨 고추를 놓되 꼭짓점에서 약 2.5cm 띄워 놓는다.

5. 핫도그 소시지 1개를 삼각형의 가장 긴 모서리와 평행하게 둔다. 맞은편 꼭지점을 향해 도우로 핫도그 소시지를 조심해서 감싼다. 도우로 감싼 핫도그 소시지를 준비해둔 베이킹 팬에 놓는다. 나머지 소시지와 도우도 똑같은 방법으로 만든다.

6. 베이킹 팬을 오븐에 넣고 노릇해질 때까지 13~15분 구우면서 골고루 익도록 중간에 180도 돌려준다. 머스터드를 곁들여 바로 낸다. 벌써 다 먹어 치우지 않았다면!

해변 파티: 해산물 리믹스
From Tha Beach: Seafood Remix

나는 해산물을 잘 못 만지지만 먹는 건 좋아하거든.

마사와 함께 텔레비전에 출연했을 때 진행자들이 내게 수조에서 살아 있는 바닷가재를 꺼내게 하는 바람에 진땀을 뺀 적이 있어. 나는 꿈틀거리는 바닷가재를 만지지 않으려고 안간힘을 썼지. 사실 게도 손으로 잡고 싶지 않아! 그 집게발을 봐! 거기에 손이 잘릴 수도 있다니까? 하지만 양념을 뿌리고 육즙을 끼얹고 버터까지 얹은 게라면? 당연히 거부할 수 없지! 해산물은 파티를 시작하기에 좋은 메뉴야. 그러니까 여기서 소개하는 레시피들을 잘 익혀놓았다가 다음 번 파티에서 '대어'가 되길!

MENU

오스트레일리아 바닷가재 테르미도르
Down Under Lobster Thermidor
74

가장 치명적인 게 다리
The Deadliest Crab Legs
182

허세 가득 새우 칵테일
Bossin' Up Shrimp Cocktail
183

캘리포니아 롤링
California Rollin'
184

프렌치 커넥트 75
French Connect 75
144

해변 파티: 해산물 리믹스

BEATS
and
BITES

음악과 음식 사이

해변 파티에서 〈California Roll〉을 빼놓을 수는 없지. 내 대표곡이기도 하지만 이 지역 최고의 초밥도 캘리포니아 롤이라고 부르잖아. 내 친구 팀벌랜드Timbaland와 제이지Jay-Z가 부른 〈Lobster and Scrimp〉는 보스처럼 식사하는 법을 알려줄 테고, 미고스Migos 친구들의 〈Stir Fry〉가 한층 흥을 돋울 거야. 벌써 배고프지 않아? 물과 해변에 관한 노래를 찾다 보니 〈Jellyfish〉를 넣었지만, 사실 진짜 해파리를 먹고 싶은 마음은 없어. 그래도 고스트페이스 킬라Ghostface Killah를 빼놓을 수는 없잖아. 고전 중의 고전이니까.

~ 1 ~
CALIFORNIA ROLL
스눕 독, 퍼렐 윌리엄스, 스티비 원더 피처링
SNOOP DOGG, FEATURING PHARRELL WILLIAMS AND STEVIE WONDER

~ 2 ~
STIR FRY
미고스
MIGOS

~ 3 ~
KUNG FU FIGHTING
칼 더글러스
CARL DOUGLAS

~ 4 ~
(SITTIN' ON) THE DOCK OF THE BAY
오티스 레딩
OTIS REDDING

~ 5 ~
PAID IN FULL
에릭 비 앤드 라킴
ERIC B AND RAKIM

~ 6 ~
LOBSTER AND SCRIMP
팀벌랜드, 제이-Z 피처링
TIMBALAND, FEATURING JAY-Z

~ 7 ~
WE GON' MAKE IT
제이다키스, 스타일스 P 피처링
JADAKISS, FEATURING STYLES P

~ 8 ~
LIVIN' ON A PRAYER
본 조비
BON JOVI

~ 9 ~
I'M ON A BOAT
론리 아일랜드, T-페인 피처링
LONELY ISLAND, FEATURING T-PAIN

~ 10 ~
JELLYFISH
고스트페이스 킬라, 케파도나, 숀 위그스, 트라이프 피처링
GHOSTFACE KILLAH, FEATURING CAPPADONNA, SHAWN WIGS, AND TRIFE

가장 치명적인 게 다리
The Deadliest Crab Legs

〈가장 치명적인 포획The Deadliest Catch〉이라는 프로그램에서 이름을 따봤어. 돈을 벌기 위해 바다에 나가 목숨을 걸고 게를 잡는 어부들을 쫒는 리얼리티 쇼지. 그들은 최상의 게를 잡기 위해 알래스카로 나가거든. 굉장하지 않아? 나도 그 출연자들과 몇 번 만난 적이 있어. 물론, 바다가 아니라 육지에서 말야.

그들과 달리 나는 살아 있는 게는 절대 만질 수 없어. 그건 다른 사람한테 맡겨도 되잖아. 비싼 셰프를 불러오라는 얘기가 아니야. 마트의 해산물 코너 아저씨에게 부탁하면 되니까. 어쨌든 나보다 나을 거야!

4인분

INGREDIENTS

킹크랩 또는 대게 다리 910g
(냉동일 경우 해동)
반으로 자른 레몬 3개
잘게 썬 넓은 잎 파슬리 잎 1큰술
무염 버터 5큰술(70g)

HOW TO MAKE

1. 브로일러 아래 12cm 부분에 선반을 설치하고 브로일러를 예열한다. 베이킹 팬에 쿠킹 포일을 깔아놓는다.

2. 작은 전자레인지용 용기에 버터 1큰술을 넣고 전자레인지에서 녹인다.

3. 준비해놓은 베이킹 팬에 게 다리를 놓고 녹인 버터를 바른다. 베이킹 팬을 브로일러 아래 넣어 3~4분간 굽고 게 다리를 뒤집어 3~4분 더 굽는다.

4. 게가 구워지는 동안 기 버터(정제 버터)를 만든다. 작은 편수 냄비를 약불에 올리고 남은 버터 4큰술(55g)을 녹인다. 녹인 버터를 커피 필터나 면포를 깐 체에 걸러 우유 고형물을 제거한다.

5. 찍어 먹을 기 버터와 즙을 짤 수 있도록 반으로 자른 레몬을 옆에 곁들여 낸다. 파슬리로 장식한다.

허세 가득 새우 칵테일
Bossin' Up Shrimp Cocktail

나는 모든 종류의 해산물을 좋아하지만 특히 싱싱한 새우를 좋아해. 뉴욕에서 지낼 때 늦은 밤에 내 조카 데이브 이스트 Dave East가 늦게까지 영업하는 식당에 데려간 적이 있는데, 그때 먹은 새우가 살면서 먹어본 최고였거든! 그런 새우로 이 새우 칵테일을 만들면 훌륭한 요리가 나올 거야. 다음 만찬의 첫 코스로 활용해봐.

4인분

INGREDIENTS

칵테일 소스 재료

칠리 소스 1컵(275g)
홀스래디시 소스 ¼컵(65g)
갓 짠 레몬 즙 1작은술
굵게 간 후추 ½작은술
핫소스 ½작은술

새우 재료

새우 455g(냉동일 경우 해동)
반으로 자른 레몬 1개와 슬라이스한 레몬 1개
넓은 잎 파슬리 2줄기
월계수 잎 1장
드라이 화이트 와인 ¼컵(60ml)
통후추 1작은술
소금 1작은술

HOW TO MAKE

칵테일 소스 만들기

작은 볼에 칠리 소스와 홀스래디시 소스, 레몬 즙, 후추, 핫소스를 넣고 잘 섞는다. 뚜껑을 덮어 먹기 전까지 냉장고에 넣어 둔다.

새우 조리하기

1. 무쇠 냄비를 센 불에 올리고 물 4컵(960ml)과 화이트 와인, 반으로 자른 레몬, 통후추, 소금, 파슬리, 월계수 잎을 넣고 섞은 뒤 한소끔 끓인다. 불을 낮춰 10분 더 뭉근히 끓인다.

2. 새우를 냄비에 넣고 불을 끈 뒤 냄비 뚜껑을 덮고 3분 정도 뜸을 들이면서 가끔 저어준다. 건져서 향신료는 모두 버리고 새우는 한 김 식힌다.

3. 새우 껍질을 벗기고 내장을 뺀다. 냉장고에 넣어 차게 식힌 뒤 칵테일 소스와 레몬 슬라이스를 곁들여 낸다.

캘리포니아 롤링
California Rollin'

몇 년 전 나파 밸리에서 열린 한 푸드 페스티벌에서 유명한 초밥 요리사 모리모토를 만났거든. 그때까지 나는 초밥을 한 번도 먹어본 적이 없었어. 모리모토는 그 자리에서 내게 초밥 만드는 법을 가르쳐주었지. 그에게 몇 가지 재료를 얻은 나는 집에 돌아와 꾸준히 연습했어. 친구들에게도 만들어줬는데 다들 맛집에서 사온 줄 알았다니까. 사실 난 생선회를 얹은 초밥은 싫어. 난 캘리포니아 롤이 좋아. 이 롤은 외관이 중요해. 잘 말고 정확히 재서 자른 뒤 보기 좋게 내야 하지. 미술 작품처럼. 나도 처음부터 잘하지는 못했어. 한 가지 팁을 주자면, 초밥 마는 건 담배 마는 것과 비슷해. 단, 담배는 손가락으로 말지만 초밥은 손바닥을 더 많이 써야 하지. 명심해.

8인분

INGREDIENTS

흰쌀밥 4컵(720g)

채 썬 아보카도 2개

채 썬 오이 1개

채 썬 파인애플 ½개

잘게 찢은 게맛살 2컵(135g)

가로로 반 자른 전장 김 8장

볶은 참깨 ½컵(70g)

곁들임 간장 적당량

곁들임 고추냉이 적당량

곁들임 껍질 벗겨 슬라이스한 신선한 생강 적당량

HOW TO MAKE

1. 대나무 김발 위에 비닐 랩을 깐다. 김 한 장을 반짝이는 면이 아래로 가도록 김발 위에 놓는다.

2. 쌀밥 ¼컵(45g)을 김 위에 고르게 펼친 뒤 손에 물을 살짝 적셔 밥을 꾹꾹 눌러준다. 밥 위에 참깨 1과 ⅓작은술을 뿌리고 잘 붙도록 가볍게 누른다.

3. 깨끗한 작업대 위로 밥을 덮은 김을 옮기되, 밥이 아래로 오도록 조심해서 뒤집는다. 속 재료를 밥이 아닌 김 위에 놓을 것이다.

4. 김 위에 재료를 하나씩 올린다. 아보카도 8분의 1을 맨 가장자리(몸과 가장 가까운 곳)에 가늘게 한 줄로 놓는다. 그 옆에 오이를 놓고 그 옆에 파인애플과 게맛살을 넘치지 않게 놓는다.

5. 손가락으로 속 재료를 움직이지 않게 붙잡고 양손 엄지손가락을 밥 아래로 넣어 랩을 빼냄과 동시에 몸에서 먼 쪽으로 말되, 내용물을 단단히 뭉치고 가장자리를 잘 끼워 넣는다. 다 말고 나면 가로로 6~8등분해 큰 접시에 놓는다. 나머지 김과 재료도 똑같은 방법으로 만다.

6. 간장과 고추냉이, 신선한 생강을 곁들여 낸다.

응용 팁

나도 처음에는 제대로 말기가 어려웠거든. 너무 어렵다면 이렇게 해보도록. 김 반 장을 반짝이는 면이 아래로 오도록 깨끗한 작업대에 놔. 흰쌀밥 3큰술을 김의 ⅓이 덮이도록 잘 펼쳐놓고 속재료를 얹어 원뿔 모양으로 말아. 물을 조금 묻혀 가장자리를 잘 붙이면 마키 완성! 이렇게 해도 맛은 똑같거든. 옳지. 그렇게 하면 돼.

감사의 말

가장 먼저 내게 아내와 아이들을 주신 하느님께 감사드립니다.
다음으로 이 책이 세상에 나올 수 있도록 도와준 출판 팀과 크리에이티브 팀인 크로니클 북스, 스누파델릭 북스, 메리 제인에 경의를 표합니다.
마지막으로 나의 삶과 여행을 함께해준 우리 가족, 그리고 빼놓을 수 없는 내 절친 마사 스튜어트에게 깊은 고마움을 전합니다. 지난 수년 동안 레시피를 공유해주고, 세계 각지의 친구들을 위해 요리를 해주고, 맛있는 식사를 함께하는 기쁨과 의미를 알게 해준 모든 분에게 땡큐!

Biography
스눕 독은 이런 사람

스눕 독은 20년 넘게 전 세계를 무대로 연예계에서 누구보다 큰 영향력을 행사한 인플루언서다. 엔터테이너의 지평을 넓혀 많은 아티스트를 위한 길을 닦았을 뿐 아니라 세계적인 혁신가로 인정받고 있다. 음악과 영화, 텔레비전 등 다방면에서 많은 상을 받으면서 무대에서뿐 아니라 막후에서도 대중문화를 선도하고 있으며, 기업가와 자선가로도 활발하게 활동하며 엔터테인먼트와 힙합의 역사를 새로 쓰고 있다.

스눕 독은 캘리포니아 롱비치에서 나고 자랐다. 그의 어머니는 만화 〈피너츠Peanuts〉에 나오는 개 스누피를 닮았다는 이유로 그를 '스눕'이라고 불렀다. 고등학교를 졸업한 뒤 스눕은 사촌인 네이트 독과 친구인 워런 G와 함께 음악을 만들기 시작했고 이후 전설적인 닥터 드레와 손을 잡았다. 데뷔 앨범인 《도기스타일Doggystyle》과 싱글 〈Gin & Juice〉, 〈Who Am I? (What's My Name?)〉, 〈Nuthin' But A "G" Thang〉, 〈Next Episode〉, 〈Beautiful〉, 〈Drop It Like It's Hot〉, 〈Signs〉, 〈Sensual Seduction〉, 〈I Wanna Rock〉, 〈Young, Wild and Free〉를 비롯해 여러 앨범과 싱글로 빌보드 차트 1위에 올랐다. 2018년에는 가스펠 앨범 《사랑의 바이블Bible Of Love》로 7주 연속 빌보드 차트 1위를 차지하는 기록을 세웠다. 스눕은 또한 지역 사회와 깊은 연대를 맺고 2005년에는 저소득층 아이들이 미식축구를 접할 수 있도록 비영리 단체인 스눕 유소년 미식축구단을 창설하여 직접 코치로 활동하고 있으며 다양한 글로벌 자선 단체도 지원하고 있다. 부드러우면서도 카리스마 넘치는 성품으로 유명한 스눕 독은 또한 VH1에서 방영된 프로그램 〈마사와 스눕의 포틀럭 디너〉의 진행자로 에미상 후보에 올랐고 TBS 방송에서 〈스눕 독이 진행하는 조커 와일드카드Snoop Dogg Presents The Joker's Wild〉를 진행하기도 했다. 스눕은 대마 업계에서도 세련되고 혁신적인 리더로 자리매김한 바 있다. 2015년 말에는 대중문화와 기업, 정치, 건강, 건전하고 수준 높은 대마 문화를 한데 아우르는 미디어 플랫폼 메리 제인을 설립했고, 대마를 활용한 식품과 대마꽃을 판매하는 브랜드 "리프 바이 스눕Leafs by Snoop"을 출시하기도 했다. 다양한 분야를 아우르며 열정을 불태우는 스눕은 세계에서 손꼽히는 만능 엔터테이너다.

스눕 독은 고교 시절부터 연인이었던 샨티 브로더스Shante Broadus와 결혼해 20년 넘게 부부로 살고 있다. 슬하에 아름다운 두 아들 코드 브로더스Corde Broadus와 코델 브로더스Cordell Broadus, 딸 코리 브로더스Cori Broadus가 있다. 그의 가족은 현재 캘리포니아 로스앤젤레스에 거주하고 있다.

Index

인덱스

A-O
W 호텔 19

ㄱ
가장 치명적인 게 다리 182
간장 13
감사의 말 186
감자칩으로 튀긴 닭 날개 80~82
갱스터 치킨 와플 83~87
갱스터의 군것질 40~41, 62~63, 128~129
갱스터의 프라이드 볼로냐 샌드위치 50~53
걸쭉한 그레이비 33
걸쭉한 그레이비를 곁들인 비스킷 30~33
걸쭉한 남부 검보 100~101
게임의 밤: 도미노에 관한 모든 것 172
고생 끝에 낙 초콜릿 치즈케이크 126~127
과자 칩 62~63
기막힌 기믈릿 138
꿀 13
꿈의 싱가포르 슬링 146

ㄴ
내 주방에 온 걸 환영해 8
냉장고 14~17
노 리밋 포보이 60~61
높고 높은 팬케이크 26
높이높이 네그로니 139

ㄷ
다 썰어버려! 샐러드 45
달걀 16
달걀 깨고 잠도 깨는 아침 정식 34
더럽지 않은 더티 마티니 140~141
돌아와 베이비 백 립 98~99
동네 스타일 스파게티 68~69
두둑이 얹은 나초 168~169
두둑한 매시트포테이토 159
두둑한 잠수함 49
디저트 102
딜 피클 17
땅콩버터 맛 캡틴 크런치 41

ㄹ
랜디스 도넛 19
랜치 드레싱 16
럭키 참스 40
레몬 페퍼 12
레이스 바비큐 포테이토 칩 62
로스코 치킨 앤드 와플 19, 83
롤스로이스 땅콩버터 초콜릿 칩 쿠키 108~109
리믹스 진 앤 주스 136~137

ㅁ
마사 스튜어트가 전하는 축하의 말 7
마지막 식사 새우 알프레도 67
말랑한 타코 94~95
맛있어져라 바나나 푸딩 105~107
머스터드 17
메이플 시럽 12
모엣 샹동 17
미시시피 메기 샌드위치 54~57

ㅂ

바비큐 소스 17

바삭한 베이컨 34

버터 17

버터밀크 파운드케이크 케이크 케이크 케이크 112~113

베이비루스 미니 129

불맛 나는 펄레 미뇽 96~97

ㅅ

상류층 오믈렛 39

서빙 스푼 19

선수의 딸기 120~121

세상 핫한 팬 피자 170~171

술 130

스무비 23

스키틀스 129

스타버스트 128

시나몬 롤링 27~29

시리얼 40~41

시즈닝 솔트 12

시합의 날: 미식축구 시즌 162

ㅇ

아이스크림을 곁들인 바우 와우 브라우니 110~111

아침 20

알콩달콩 껍질콩 158

애시포드와 심슨 달걀 35

억만장자 베이컨 36

엄마의 손맛도 잊게 만드는 옥수수 머핀 24~25

업그레이드 맥앤치즈 70~71

오렌지 주스 17

오리지널 진 앤 주스 133~135

오비츠 129

오스트레일리아 바닷가재 테르미도르 74~77

우리 집의 추수감사절 150

우유 16

위티스 41

으깬 고구마와 시금치를 곁들인 돼지갈비 92~93

음악과 음식 사이 152~153, 164~165, 174~175, 180~181

이런 이런 이런 고구마파이 160~161

이불에 싸인 핫 '독' 177

이스트사이드 치즈 케사디야 176

인생 역전 애플파이 114~116

인스턴트 맥앤치즈 13

일어나 살아나 콥스 리바이버 142

ㅈ

자메이카 저크 치킨 78~79

장난 아냐 허브 칠면조와 그레이비 154~157

저녁 64

점심 42

진짜 축하해 생일 케이크 122~125

ㅊ

차원이 다른 연어 72~73

참치 13

채소를 곁들인 회전 구이 통닭 88~89

체더치즈 16

최고의 맛집들 18

추억의 스모어 파이 118~119

칩과 살사 63

ㅋ

카리브해의 여왕 쿠바노 샌드위치 58~59
캔디 128~129
캘리포니아 롤링 184~185
케첩 13
킹 클래식 시저 46

ㅌ

타르타르 소스 56
트위즐러/레드 바인 129

ㅍ

파티 148
팝 타르트 13
팬트리 10~13
팻버거 19
프렌치 커넥트 75 144~145
프룻 룹스 41
프리토스 허니 바비큐 맛 트위스트 63
프링글스 63
플레이밍 핫 치토스 63

ㅎ

핫소스 12
해변 파티: 해산물 리믹스 178
해피아워 보드카 크랜베리 143
허니 너트 치리오스 41
허세 가득 새우 칵테일 183
헤쳐 모여 칠리 치즈 프라이 166~167
휴식 같은 점심 48
흰쌀밥을 곁들인, 사실은 자주색에 가까운 오렌지 치킨 90~91

FROM CROOK TO COOK
Text copyright (c)2018 by Snoop Dogg
Photos copyright (c) 2018 by Antonis Achilleos and Heather Gildroy
All rights reserved. No part of this book may be reproduced in any form without written
permission from the publisher.
First published in English by Chronicle Books LLC, San Francisco, California.

Korean translation copyright (c) 2025 by Wisdom House, Inc.
Korean translation rights arranged with Chronicle Books LLC through EYA Co.,Ltd

---

이 책의 한국어판 저작권은 EYA를 통해 저작권사와 독점계약한 (주)위즈덤하우스에 있습니다.
저작권법에 의하여 한국 내에서 보호를 받는 저작물이므로 무단 전재와 복제를 금합니다.

스눕 독의
도파민 키친

초판 1쇄 인쇄 2025년 10월 21일
초판 1쇄 발행 2025년 11월 12일

지은이 스눕 독
옮긴이 박아람
펴낸이 최순영

출판1 본부장 한수미
컬처 팀장 박혜미
편집 김수연
디자인 onmypaper

펴낸곳 ㈜위즈덤하우스 **출판등록** 2000년 5월 23일 제13-1071호
주소 서울특별시 마포구 양화로 19 합정오피스빌딩 17층
전화 02) 2179-5600 **홈페이지** www.wisdomhouse.co.kr

ⓒ스눕 독, 2025

ISBN 979-11-7171-539-8 13590

- 이 책의 전부 또는 일부 내용을 재사용하려면 반드시 사전에 저작권자와
  ㈜위즈덤하우스의 동의를 받아야 합니다.
- 인쇄·제작 및 유통상의 파본 도서는 구입하신 서점에서 바꿔드립니다.
- 책값은 뒤표지에 있습니다.